INTRODUCTION

CW00457469

Ce petit livre est un conder
tourne dans la tête depuis
déjà exprimé dans ma biog
sujets dont je parle et je dor ... de mes
sources à la fin de ce petit livre.

Je ne suis pas un intellectuel, et je n'ai pas fait d' études supérieures de sciences sociales pour prétendre que mes idées sont le résultat d'études très poussées.

Ce sont de simples idées très compréhensibles par tous et qui me semblent très claires pour être discutées par de simples citoyens sans se plonger dans des théories très sophistiquées que seuls comprennent ceux qui les écrivent.

Je fais une description de la situation de manière très générale qui me semble difficile à contredire et que toute personne peut comprendre facilement. Je propose des solutions également assez simples et peut-être superficielles, mais qui peuvent servir de base pour les approfondir et les rendre possibles à appliquer.

Dans mon entourage on discute beaucoup des problèmes de l'humanité, surtout d'écologie, de féminisme (j'ai quatre belles belles filles) et d'oppression des minorités, et même si on est tous de gauche on est rarement tous d'accord. C'est donc également pour communiquer mes idées à mes proches et les mettre noir sur blanc que je fait ce petit condensé.

Je suis très pessimiste sur le futur de l'humanité, je pense qu'une minorité dirigeante s'est trompée depuis pas mal de temps et qu'elle va tous nous emmener à la catastrophe et j'espère vraiment me tromper. Pour

l'éviter, les solutions existent même si pour beaucoup ce ne sont que des utopies.

DÉMOCRATIE

Définition du Larousse

Système politique, forme de gouvernement dans lequel la souveraineté émane du peuple. La démocratie politique est née dans la Grèce antique. Pourtant, ce n'est pas avant le XVIII siècle que fut formulée la théorie de la séparation des pouvoirs (Montesquieu) et mis en place le suffrage universel (États-Unis, 1776), qui en sont deux des fondements. Le respect des libertés publiques est au cœur même du fonctionnement de la démocratie dite aujourd'hui « libérale ».

Cette définition est celle que l'on nous donne des démocraties actuelles dans les pays occidentaux et que doivent suivre tous les pays qui veulent se considérer des démocraties.
Le pouvoir est divisé en pouvoir exécutif, pouvoir législatif et pouvoir judiciaire.
Le premier est celui du président et du gouvernement qui dirige le pays, le second est celui qui fait la loi, et le troisième c'est celui qui se charge que la loi soit appliquée. Normalement ceux-ci sont séparés et indépendants.

Ils doivent suivre la constitution du pays, mais il y a autant de constitution différente que de pays, certaines sont parlementaires, d'autres présidentielles mais pas toutes les démocraties libérales sont des républiques, certaines ont gardé leur roi ou reine et sont des royaumes.

Les citoyens en âge de voter doivent s'inscrire dans des listes pour pouvoir voter ; un citoyen, un vote. On vote pour des représentants, pour un président, un député, un maire, etc. C'est ce qui s'appelle la démocratie représentative. Ces élus vont nous représenter dans différentes institutions nationales et internationales, assemblées, chambres, etc.

Le citoyen qui veut se faire élire doit s'inscrire dans un parti politique pour se faire connaître, puis faire carrière dans le parti pour pouvoir être candidat, faire campagne puis être élu. Ou créer son propre parti, mais c'est très difficile de gagner, à moins d'avoir l'argent et l'appui des élites.

Les partis, pour faire connaître leurs candidats et leurs idées, ont plusieurs moyens. Comme celui de faire des mítins, où le candidat s'adresse directement aux électeurs dans une salle fermée où dans une place à l'aire libre. ou imprimer des tracts distribués à la main, où l'on peut transmettre quelques slogans, ou encore faire que l'on parle de votre candidat dans les médias, que ce soit à travers des revues, des journaux, des radios, de la télévision ou sur internet.

Pour pouvoir produire toute cette communication et publicité, il faut de l'argent beaucoup d'argent. C'est pour cela, qu'en général, le financement des campagnes est réglementé dans ces démocraties. Donc pour être élu il faut d'un côté avoir un parti, beaucoup d'argent, faire beaucoup de publicité, avoir des idées qui arrangent ou plaisent aux médias, et qui puissent convaincre des gens de voter pour vous.

D'un autre côté, l'électeur, pour choisir son candidat, n'a pas beaucoup d'instruments pour faire un choix dont il peut être sûr qu'il lui convient. Si c'est un ouvrier, un employé, un artisan ou paysan, qui travaille pour survivre, qui n'a pas fait de longues études et que son temps libre il l'occupe à se reposer, ou à s'amuser, n'aura, pour faire son choix, que l'information qu'il reçoit par l'intermédiaire de la télévision qu'il regarde le soir, ou par la radio qu'il écoute pendant qu'il travaille. Il n'aura ni le temps ni saura où chercher plus d'informations. Le cadre où le professionnel libéral aura un peu plus d'informations, mais celle-ci viendra toujours d'une source ou d'un média partial.

Si on considère que dans ces démocraties libérales, la grande majorité des médias sont privés, et qu'il faut beaucoup d'argent pour en être propriétaire, il est tout à fait logique de penser que les propriétaires de ces médias ont tout intérêt à ce que les élus aient des idées qui leur conviennent et qu'ils gouvernent de façon à améliorer, ou du moins à maintenir leurs privilèges. Donc leur impartialité est plus que douteuse, même si certains gouvernements essayent de légiférer pour plus d'égalité du droit à la parole dans les médias entre les candidats, celle-ci n'est jamais respectée. On compte le temps de parole pendant les élections, mais la propagande se produit durant toute l'année.

Un autre facteur influe dans le résultat de ces élections, les sondages. Lorsque l'on vous présente le choix que vous avez pour vous décider pour qui voter, celui-ci, qui est déjà assez réduit par le fait des conditions nécessaires pour être candidat, va l'être encore plus à cause des sondages. Ceux-ci vont vous donner les pourcentages de la possible réussite de chaque candidat, et comme en général vous voulez que votre vote soit utile, vous n'allez pas voter pour votre candidat favori si les sondages le donnent sans possibilité de gagner, et vous allez donc choisir celui qui a les idées les plus proches de votre premier choix mais qui a des possibilités de gagner. C'est ce que l'on appelle le vote utile.

Des sociologues ont fait une expérience pour démontrer comment un autre avis influence le vôtre. On a montré une photo représentant une vache à 1000 individus qui ne connaissent rien en bovidés, et on leur a demandé de donner un poids approximatif de la vache. Lorsqu'on leur cache les opinions des autres, la moyenne des avis est assez proche de la réalité, mais quand ils sont informés des avis précédents ils suivent approximativement les mêmes avis, et le résultat est tronqué.

Si les premiers avis donnaient un poids inférieur, la moyenne des résultats donnerait un poids inférieur.

Cette situation, liberté pour choisir pour qui voter, liberté aux médias de mettre en avant certains candidats au lieu des autres, importance des sondages et la liberté d'expression combiné à une financiarisation de cette même expression réservée aux puissants, font que dans les démocraties libérale la majorité des élus appartiennent à l'élite qui possède le pouvoir financier. Ce n'est donc pas un gouvernement du peuple par le peuple, mais un gouvernement du peuple par les riches.

Vu tous ces facteurs, la possibilité que soit élu un candidat qui veut changer le système pour que ce soit la grande majorité du peuple qui ait accès à une meilleure vie avec plus d'égalité, est pratiquement nulle.

Mais imaginons que cela se produise. Une fois au pouvoir, le nouveau gouvernement essaiera sûrement de changer sa constitution, pour ensuite mettre en place ses nouvelles lois.
Mais étant donné l'interdépendance entre les pays, financièrement et commercialement, et la façon dont sont structurées les règles internationales, ses lois vont avoir une influence sur les autres pays. Le système financier international fait que les investisseurs et les spéculateurs aient le pouvoir de nuisance sur toute économie. Une politique qui pourrait mettre en péril ou affaiblir la propriété privée, ou qui nationaliserait certains secteurs de l'économie, où serait contre la concurrence libre et non faussée de l'économie de marché, serait immédiatement boycottée par les puissances économiques et politiques mondiales.

Les exemples sont nombreux dans le monde, le Chili en 1973, Venezuela en 2002, Grèce en 2015, se sont des gouvernements progressistes arrivés au pouvoir par les élections et qui sont immédiatement attaqués par le pouvoir financier. Lorsqu'un gouvernement progressiste prend le pouvoir par les armes il est également mis au banc des états et boycotté, comme Cuba qui subit un blocus depuis plus de 60 ans.

D'ailleurs ce n'est pas seulement pendant les élections que les médias font de la propagande pour garder le même système en place, qui seul profite à une minorité de privilégiés.
Tous les médias privés choisissent les informations à mettre en avant selon leur intérêt politique. Ils n'ont pas besoin de mentir, seulement de faire des choix, à qui donner la parole et quels sujets sont traités. Mais bien des fois des faux faits sont déclarés comme vrais sans que personne ne les contredise, des faits historiques sont nié ou inventé, des faux chiffres sont de même donnés sans mentionner la source.
Certains sujets traités dans les films ou dans les livres sont également privilégiés dans les financements s' ils donnent à la démocratie libérale le bon rôle.

Les médias sont entre les mains des riches, et ceux-ci, on peut le comprendre, n'ont pas les idées trop à gauche car ce n'est pas dans leur intérêt une plus grande distribution des richesses. On comprend après ça, pourquoi c'est la droite et l'extrême droite qui crie le plus à la liberté d'expression, puisque cette expression est accaparée par eux.

Bien sûr des voix critiquent ces démocraties libérales,mais elles opinent qu'elles sont bien plus justes et meilleures pour l'humanité que les régimes appelés autocrates.

On dit même que le monde est divisé en autocraties et en démocratie libérale. Et bien sûr ces dernières représentent le bien et les autres le mal.

Regardons bien les différences. Prenons l'autocratie de la Chine et comparons la à la démocratie libérale des États Unis.

Les deux font appel aux votes, la Chine aux votes de ces 90 millions de souscris au Parti communiste.

Le Parti communiste chinois est composé de 11 millions de cadres, de 80 millions de membres répartis dans 3,9 millions organisations de base. Le parti présente toujours une « organisation pyramidale » : le congrès est à sa tête, il est composé en général de 3000 membres élus par les adhérents du Parti communiste chinois. Les membres du congrès sont « théoriquement élus mais en réalité désignés ». Le congrès nomme les membres du comité central (200 éléments), de celui-ci est issu le bureau politique (de 19 à 25 membres) qui désigne enfin les membres du comité permanent (7 membres). Ce dernier échelon détient le pouvoir suprême, et choisit le secrétaire général.

La façon dont sont choisis ces membres est assez obscure , en théorie par le vote, mais il sont plutôt désignés au moyen de tractations et arrangements.

Les États Unis sont formés en une république fédérale présidentielle.

Le pouvoir exécutif fédéral est composé du président et de son gouvernement (le terme américain administration est aussi utilisé) composé de secrétaires (équivalent de ministre, qui sont chacun chargés d'un département (un ministère)).

Le pouvoir législatif fédéral est bicaméral. Il est représenté par le Congrès des États-Unis, qui est composé :
-de la Chambre des représentants des États-Unis, qui représente les citoyens américains, composée de 435 représentants. Les membres de la Chambre des Représentants ont un mandat de deux ans. Chacun des représentants représente un district de son propre État.
-du Sénat des États-Unis, qui représente les États fédérés, composé de 100 sénateurs, deux par État. Ces sénateurs sont élus pour un mandat de six ans. Les mandats sont alternés, de manière qu'un tiers des mandats de sénateurs soit soumis au vote tous les deux ans.

Le pouvoir judiciaire américain est divisé entre son organisation fédérale, à la tête de laquelle se trouve la Cour suprême, et les systèmes propres à chaque État.

La Cour suprême des États-Unis supervise les 12 cours d'appel fédérales (United States Courts of Appeals) et des 94 Cours de district fédérales (United States District Courts). Chaque État a son propre système judiciaire, y compris la même structure pyramidale. Les tribunaux d'État jugent les violations en fonction du droit de l'État où elles ont eu lieu. Les juges de 39 des États fédérés sont élus.

 Pour pouvoir voter aux États-Unis, il faut avoir la nationalité américaine, avoir plus de 18 ans et disposer de ses droits civiques. Au commencement de la république seuls les hommes blancs propriétaires de terres avaient le droit de vote. Les femmes et les noirs ont dû attendre très longtemps pour avoir ce droit. Le suffrage est universel direct pour les représentants, indirect pour l'élection présidentielle (système du collège électoral). L'abstention est calculée par rapport à tous les électeurs potentiels et pas seulement par rapport aux inscrits sur les listes électorales, comme c'est le cas en France. C'est pour cela qu'en France on croit avoir une meilleure conscience politique.

Donc sur le papier on peut dire que les États Unis sont de loin plus démocratique.
Puisque en Chine seuls les adhérents votent, et en plus indirectement pour arriver, en passant par le comité central, puis le bureau politique, puis le comité permanent, au Secrétaire Général qui a tous les pouvoirs. En plus, chaque étape est assez secrète. Donc pour arriver au pouvoir il faut beaucoup d' influence donc de corruption et d'argent. Et pour cela il faut être descendant d'un cadre du parti, avoir étudié dans une très bonne université du pays où a l'étranger. Les élus peuvent faire deux mandats, c'est-à-dire 10 ans, bien que dernièrement une modification de la constitution permet plus de deux mandats pour le président, mais limite l'âge à 68 ans pour chaque élu.

Mais aux États Unis est-ce vraiment plus démocratique?
Les électeurs potentiels sont bien plus représentatifs
qu'en Chine puisqu'il suffit d'avoir l'âge et la nationalité.
Mais ce droit de vote n'est pas utilisé par tout le monde,
dernièrement il tourne autour de 55%. Et une fois qu'ils
décident d'aller voter, quel est leur choix ?
Les candidats pour la chambre des représentants sont
choisis par le parti auquel ils appartiennent. Comment ?
Ben d'une façon tout aussi obscure que les chinois,
avec de l'influence, de la corruption et de l'argent. De
même pour les sénateurs.
Les candidats pour la présidentielle passent par une
primaire dans chaque parti. Une dizaine de candidats se
présentent, puis commence une course à l'élection à
coup de millions de dollars dans les différents états.
Dans cette élection, pour le candidat présidentiel de
chaque parti, le nombre de votants est encore inférieur,
plus ou moins 20% des électeurs potentiels. Donc ici
non plus le président n'est pas élu par la majorité des
citoyens.
Celui qui gagne est en général celui qui réunit le plus
d'argent en plus d'être le favori des médias.

Depuis l'arrêt « Citizens United v. Federal Election
Commission » rendu en janvier 2010 par la Cour
suprême, une entreprise peut subventionner des
associations liées à un élu en toute légalité et sans
plafonnement des montants. Une pratique pourtant
assimilée à de la corruption et interdite dans de
nombreux pays. Selon la Sunlight Foundation, entre
2007 et 2012, les deux cents entreprises américaines

les plus actives politiquement ont, au niveau fédéral, dépensé 5,8 milliards de dollars de cette façon. Durant la même période, elles ont reçu l'équivalent de 4 400 milliards de dollars sous diverses formes : subventions, exonérations, réduction d'impôts.

Bien sûr les lobbys ne s'arrêtent pas aux élections, ils poussent leur influence pendant toute l'année.

Les représentants et les sénateurs peuvent faire plusieurs mandats, les présidents seulement deux de suite. Mais peuvent se représenter ensuite.

Résultat donc, en Chine il faut être né parmis l'élite, avoir fait de hautes études, être très riche, ou du moins avoir l'accès à des financements. Et vous serez élu par une minorité des habitants.

Et aux États Unis? C'est pareil. La seule différence c'est que votre élection se fera aux yeux de tout le monde dans un grand show médiatique.

Mais dans les deux systèmes seul l'élite gouverne et le peuple suit.

D'autres types de gouvernements, que les occidentaux appellent autocraties, existent. Comme la Russie, la Turquie, l'Iran, la Hongrie et d'autres.

Les dirigeants sont parfois arrivés au pouvoir par des élections libres, mais une fois au pouvoir ils ont mis en place un système qui leur permet de rester au pouvoir. Il leur suffit de garder l'élection par le vote pour se déclarer légitime, mais pour assurer le résultat, ils suppriment la liberté d'expression, contrôlent la presse et limitent l'opposition.

Tout le monde sait que pour gagner une élection il faut avoir les médias avec soi et de l'argent. Les autocraties n'ont pas forcément beaucoup d'argent ou du moins il y a toujours un qui en a davantage, donc ils interdisent les médias qui ne leur plaisent pas et limitent les opposants à des figurants.

Les démocraties libérales n'ont pas besoin de limiter les médias puisque tous les principaux médias appartiennent aux riches élites qui gouvernent, et permettent des candidatures libres, puisque seul les mêmes riches élites qui les représentent ont la possibilité de gagner l'élection.

Quelle est donc la différence entre une démocratie libérale à l'occidentale et une de ces autocraties soit disante démocratique selon elles. On nous dira que c'est la liberté de voter pour qui l'on veut. Mais on a vu que c'est faux, puisque les médias libres sont soumis aux lois du marché et seuls les élites ont droit à la parole et seuls les élites ont le droit a être un candidat éligible.

La seule différence c'est que dans ces autocraties, le seul à pouvoir être élu, c'est uniquement un parti ou un candidat. Et dans la démocratie libérale on peut élire n'importe quel représentant tant qu'il appartient à l'élite choisis par les médias, donc par les dominants.

C'est très commun de voir dans l'histoire, des cas où, dans des pays avec des démocraties libérales où dans des jeunes démocraties, des forces étrangères qui, en finançant les médias et les opposants, ont changé des gouvernements pour en mettre à leur place un autre qui leur convenait davantage. Par exemple dans les fameuses révolutions de couleur dans des pays de l'ex URSS.

Pour n'importe quel pays qui veut garder son système politique qui ne plaît pas au néolibéralisme, il lui faut restreindre les libertés de presse et contrôler les financements des soi-disant ONG qui financent les opposants, car avec des millions de dollars on fait élire qui l'on veut en contrôlant les médias et l'opposition.

N'importe quel publicitaire vous expliquera l'importance de la publicité pour faire vendre un produit… c'est la même chose pour faire élire un candidat.

Dans les démocraties libérales gouvernent les élites qui se disent représentantes du peuple et défenseuses des droits de l'homme tout en ne respectant ni l'un ni l'autre. Dans les autocraties gouvernent une petite partie de l'élite qui dit gouverner pour son peuple mais ne s'intéresse ni aux droits humains de l'opposition ni à son peuple.

Les démocraties libérales se considèrent être les représentantes du bien et les défenseurs de la liberté, des droits de l'homme et des lois internationales . Et accusent les autocraties de violer tous ces droits et de représenter le mal.

Ceci est tellement ridicule et faux, un simple coup d'œil à l'histoire récente et passée démontre que c'est très loin d'être la vérité. Colonialisme, genocide, racisme, esclavage, invasion, guerre mondiale, non respect de l'ONU, sont plutôt le fait de ces démocraties occidentales.

Conclusion, les démocraties libérales, les autocraties ou les dictatures déclarées comme la Corée du Nord, n'ont rien à voir avec un gouvernement du peuple par le peuple.

Donc que faire pour avoir une véritable démocratie? Dernièrement des études archéologiques et anthropologiques ont démontré que des peuples anciens ont eu une grande variété de gouvernance plus ou moins démocratique, et qui ont eu du succès. C'est donc faux de penser que la démocratie à l'occidentale est la seule à fonctionner, d'ailleurs ont à vu qu'elle ne fonctionne pas du tout. Churchill a dit: « la démocratie est un mauvais système mais elle est le moins mauvais des systèmes » il a dit énormément de bêtises Churchill, celles-ci en est encore une.
Ce que les occidentaux appellent démocratie n'en est pas une et d'autres systèmes ont, et peuvent mieux marché. Et une vraie démocratie peut parfaitement exister.

Voici une proposition.

UNE VRAIE DÉMOCRATIE

Un des gros problème de notre soit disante démocratie, c'est que l'on connaît nos candidats qu'aux moyens des médias. Donc aucune certitude pour savoir qui ils sont. Une façon de le remédier serait la suivante :

On formerait des groupes de 100 à 150 citoyens, habitant un immeuble, un quartier, un lieux-dits, un hameau etc. Chaque groupe élit un représentant que l'on pourra appeler le conseiller. Les volontaires pour être conseiller seront élus par un vote qualificatif. C'est à dire chacun notera les candidatures par un chiffre de 1 à 10, celui qui a le plus de point remporte l'élection, de cette façon ce ne sera pas blanc ou noir.

On forme une assemblée communale de moins de 150 conseillers qui va gouverner sur une commune de moins de 22,500 habitants (c'est-à-dire 150 conseillers représentant 150 personnes). Le maire de cette commune sera élu au tirage au sort, il choisira son équipe pour diriger la commune parmi les autres conseillers. Son mandat pourrait durer de 3 à 5 ans, puis à la fin du mandat, un nouveau tirage au sort aura lieu pour un nouveau maire élu parmi les conseillers. L'ancien maire ira représenter sa commune dans une assemblée régionale de moins de 150 maires qui va gouverner une région de moins de 3,375,000 habitants (150 maires qui représentent chacun 22,500 habitants). Le gouverneur de cette région sera élu au tirage au sort parmi les anciens maires représentants leurs communes et choisira son équipe parmi les autres maires. Le mandat durera de 3 à 5 ans. Au bout de ce lap de temps tous les maires qui composent cette assemblée régionale seront remplacés par les nouveaux maires qui ont fini leur mandat dans leur commune, ils reviendront à siéger dans leur assemblée communale, sauf le gouverneur de la région qui ira représenter sa région dans une Assemblée nationale de moins 150 gouverneurs qui va gouverner une nation de moins de 506,250,000 d'habitants, (150 gouverneurs qui représentent 3,375,000 habitants) le président de cette nation choisira son équipe pour diriger la nation parmi les autres gouverneurs. A la fin de leur mandat les gouverneurs reviennent à siéger dans leur assemblée communales, sauf le président qui pourrait représenter la nation dans une assemblée continentale qui de la même façon que précédemment élira au tirage au sort un directeur pour diriger cette assemblée. Puis une dernière étape avec une assemblée mondiale.

La raison du chiffre choisi, de moins de 150, a sa raison d'être. Un scientifique du nom de Robin Dunbar a prouvé que Homo Sapiens, grâce à son nombre de neurones dans le cortex, était capable d'avoir une relation stable avec un maximum 150 personnes. Ce chiffre a été prouvé plus tard avec les réseaux sociaux. Et confirmé par l'archéologie dans certaines sociétés anciennes. Cela n'empêche pas d'avoir des assemblées moins nombreuses, donc moins de conseillers, moins de communes, moins de régions etc. Ce serait selon la géographie. L'important c'est de ne pas dépasser 150 individus pour que les relations entre eux restent personnelles et que les conseillers, les maires, ou les gouverneurs
représentent chacun à peu près le même nombre de citoyens.
Les conseillers resteraient en fonction tant qu'ils le décideront, à moins qu'ils ne soient destitués par leurs citoyens ou qu'ils déménagent de la région. Pour la destitution il suffit de la demande de 10% des électeurs

pour qu'il y ait un vote et une majorité simple pour la destitution.

Dans chaque assemblée on rédige les lois communales, régionales, nationales etc qui sont voté par les conseillers, les maires et ainsi de suite. Les budgets également et tout ce qui a une relation avec la vie publique.

Les citoyens peuvent s' opposer ou proposer une loi. Il suffit que 10% proposent une loi pour qu'un référendum se déclare et qu'elle soit appliquée si elle obtient une majorité simple. Les conseillers peuvent également appeler à un référendum lorsqu'ils le jugent nécessaire.

Le tirage au sort est la seule véritable élection démocratique qui peut exister, Montesquieu disait: " Le suffrage par le sort est de la nature de la démocratie, le suffrage par choix est celle de l'aristocratie". Ce procédé était massivement utilisé dans la démocratie athénienne au V et IV siècle avant notre ère.

La critique que l'on fait aux élections par tirage au sort c'est que ce n'est pas les plus aptes au poste qui sont élus. Mais dans l'élection au suffrage universel par vote qui dit que les électeurs ont la capacité de savoir qui est le candidat le plus apte ?

C'est pour cela que le premier échelon doit se faire par une élection qualificative. Les candidats sont en premier lieu des volontaires , donc ils se sentent capables. Ensuite ils sont élus par des gens qui les connaissent personnellement. Et enfin plus ils avancent, plus ils ont d'expérience, un gouverneur à 10 ans d'expérience, un président 15. Et s'il ne fonctionne pas il est destitué et remplacé.

D'ailleurs dans le système actuel, rien ne dit que les élus sont les plus aptes à gouverner, ils sont seulement les plus aptes à se faire élire.

Une autre raison pour passer au tirage au sort est le vieillissement de la population.

Les personnes âgées sont plus nombreuses que les jeunes et cette différence s'aggrave justement dans ces démocraties libérales. Donc, même s'ils sont moins concernés par le futur de la société que les jeunes, ils ont beaucoup plus d'influence sur ce futur grâce à leurs votes beaucoup plus nombreux.

Un autre avantage de ce système par le tirage au sort, c'est qu'il n'y a pas de parti politique à financer, ni de campagne électorale qui coûte des fortunes dans tous les pays du monde, et qui en plus se prête à la corruption et au lobbys. Ce sont des milliards que l'on économise.

Dans ce système les lobbys n'auraient pas de prise sur les futurs élus, puisqu'ils ignorent qui va être élu. Mais ils pourraient essayer d'influencer les assemblées. C'est pour cela que les lois doivent pouvoir être révisées par les citoyens. Il faudrait aussi qu'une assemblée constituante reste en fonction pour vérifier et pouvoir amender les lois anticonstitutionnelles.

Cette assemblée constituante sera chargée de créer la nouvelle constitution qui se mettra en place pour organiser ce système. Elle pourrait être formée par des chercheurs de haut niveau dans les sciences sociales, d'économistes, d'historiens, de scientifiques, de philosophes et autres intellectuels. Parmi les volontaires qui y voudraient participer, ont en élira 100 au tirage au sort, qui seront renouvelés tous les 5 ans. Chacun de ces intellectuels élus choisira 100 autres intellectuels pour le conseiller.

Cette assemblée constituante aura tous les pouvoirs. Ce n'est pas un gouvernement d'experts car l'assemblée ne fera que vérifier la légalité des lois. Par exemple, si une commune vote une loi ou l'apprentissage de la langue régionale est obligatoire à l'école en plus de la langue nationale. Elle n'aura rien à redire, mais si c'est une loi qui pénalise l'homosexualité, elle sera immédiatement annulée. Les assemblées pourraient également demander conseil à l'assemblée constituante sur divers sujets.

Ce système est beaucoup plus juste pour les habitants des campagnes. Les lois sont voté actuellement dans la capitale, mais sont appliquées partout. Le fait que les communes puissent voter leurs propres lois est plus logique.

Une commune rurale qui vit de l'agriculture ne peut avoir les mêmes règles qu'une commune industrielle, ou qu'une commune piscicole où de pisciculture. Elle doit avoir ses propres lois, dans le respect des lois régionales, nationales ou internationales.

Mais un problème subsiste, les médias. Si ceux-ci restent dans les mains des élites, ils pourraient continuer à influencer les citoyens pour voter des lois qui leur conviennent.
Je pense donc que l'accès à une information d'actualité , impartiale, véridique et d'intérêt général est un droit pour tous. Ce n'est donc pas à des entreprises privées que l'on peut confier l'application de ce droit. Les entreprises privées qui possèdent des médias cherchent deux choses, gagner de l'argent ou avoir de l'influence, ou les deux. Mais sûrement pas à faire un service public. Les informations d'actualités doivent être gérer par des coopératives de journalistes financées par l'argent public, les documentaires d'histoire ou de société également. Les médias producteurs de fictions ou de sujets musicaux , littéraires et culturelles en général, pourraient être libres d'expression.

MAIS COMMENT LE METTRE EN PLACE ?

Je ne crois pas que la révolution soit possible à notre époque. Les dominants ont actuellement un pouvoir de répression que n'avaient pas les pouvoirs qui au cours de l'histoire ont été renversés par une révolution.
Mais pour contrer le système actuel de démocratie, qui fonde son pouvoir sur le vote majoritaire de la

population, il suffit de lui enlever cette justification pour qu'il n'ait plus de base légale.

Ce n'est pas une simple abstention qu'il faut faire, il faut boycotter le vote.

De plus en plus de jeunes, et de laisser pour compte, s'abstiennent d'aller voter. Mais pas pour renverser le système, seulement par passivité et parce qu'ils ne croient plus que leur vote serve à quelque chose et qu'il puisse changer leur vie.

Il faut justement avoir conscience que de ne pas aller voter est un acte de rébellion.

Déjà avec l'abstention actuelle, les démocraties se disent en crise, mais ne pensent pas changer, puisqu'elles pensent que c'est juste un manque d'intérêt d'une partie de la population et non un rejet de cette soi-disant démocratie.

Il faut donc boycotter le vote, et de cette façon montrer au pouvoir que l'on ne veut plus de ce système.

Il ne pourra plus argumenter que le candidat est élu par une majorité de citoyens lorsque l'abstention dépassera très majoritairement le vote, surtout quand on lui fera comprendre que celle-ci est un choix actif, et non passif.

Ensuite c'est au peuple d'accepter une nouvelle constitution qui lui convient. Car le pouvoir n'aura d'autre solution que de vouloir proposer une modification de la constitution qui conviendrait encore à l'élite dominante. Mais il devra la soumettre à un référendum, je ne vois pas comment ils pourraient justifier des changements dictés par un pouvoir qui ne serait plus légal. Il faudra tout faire pour que le peuple ait connaissance de la justesse et de la possibilité d'avoir une élection au tirage au sort. Je propose celle que je viens de décrire, mais peut-être des chercheurs en sciences sociales pourraient en proposer d'autres bien meilleurs. Le grand défi c'est de les faire connaître à la population et contrer la propagande que les médias privés n'hésiteraient pas à propager contre une constitution qui ne convient pas aux dominants.

Cette nouvelle démocratie devra s'accompagner d'autres changements économiques et sociétaux, pour pouvoir être efficace et améliorer la situation de toute la société.

L'ÉCONOMIE

Le capitalisme

Il faudrait qu' en même temps que l'on propose ce changement de système politique, on propose un changement de système économique.

Le système économique néolibéral actuel, qui a envahi le monde, empêche tout respect à l'écologie planétaire et au bien-être de tout habitant de cette même planète.

Il est basé sur l'accumulation du capital, des moyens de production et de biens immobiliers. Cette richesse, que seuls possèdent certains individus, n'est pas le fruit du travail de ces possédants, mais le résultat d'un héritage et du fait d'être bien né dans un berceau appartenant à l'élite.

Le reste de la population, pour survivre, doit vendre sa force de travail à cette élite et être en compétition permanente avec ces concitoyens, avec la promesse que s'il le mérite, il pourrait monter dans l'échelon social.

On essaye de diminuer les inégalités que provoque ce système par l'impôt sur le revenu. Mais celui-ci diminue de plus en plus dans la majorité des pays et énormément de niches fiscales sont proposées aux riches, ce qui diminue encore son efficacité. L'impôt qui rapporte le plus c'est la TVA, qui est payé par tous, même par les sans papiers. Les impôts les plus justes qui aident à diminuer les inégalités sont l'impôt sur la fortune et l'impôt sur l'héritage. Mais tous les deux sont soit annulés, soit réduit à une part insignifiante.

Celui de l'héritage est particulièrement impopulaire, la raison de cela c'est l'idée que les gens ont de dire: que l'on doit avoir le droit de laisser à nos enfants les fruits de notre travail de toute une vie. Difficile d'être contre. Donc je propose la chose suivante:

Le droit de laisser en héritage 100% du patrimoine que l'on a produit durant sa vie, mais interdire tout héritage d'un patrimoine hérité. C'est-à-dire si je possède à ma mort un patrimoine de 1500 euros et que j'ai hérité de 500 euros, je ne peux laisser en héritage que 1000 euros, les 500 hérités auparavant reviendront à la communauté. Cela empêchera ces fortunes familiales héritées depuis plusieurs générations.

Le capitalisme veut nous faire croire à la méritocratie, les riches méritent d'être riches et les pauvres méritent d'être pauvres . C'est comme ça, c'est la nature, il y a toujours eu des pauvres et des riches.

On est peut être disposé à aider ceux qui ne peuvent pas travailler, comme les vieux ou les handicapés qui vraiment ne peuvent pas physiquement travailler, mais c'est tout.

Aucune autre excuse n' est valable pour ne pas mettre votre force de travail à disposition du monde du capital. Même s'il n'y a pas de travail ou vous habitez, même si le travail est très mal payé, même s'il est dangereux pour votre santé, même s'il va contre votre éthique, même s'il vous empêche d'avoir une vie de famille, même si vous en crevez.

Tout le monde doit travailler, ou au moins être disponible pour le travail que le capital va vous offrir quand il le voudra.

Mais ce n'est pas totalement vrai, les rentiers, eux, ne sont pas obligés de travailler.

Lorsque l'on a du capital, mérité ou pas, on peut investir dans la bourse, on peut spéculer sur les matières premières, louer des biens immobiliers ou mettre son argent dans d'autres systèmes capitalistes qui vous permettront d'augmenter votre capital sans travailler.

Donc en résumé si vous êtes de ceux qui sont mal né et que vous n'avez pas eu la chance de vous retrouver parmis l'élite à votre naissance, c'est à vous et à vos semblables de travailler et de produire la richesse nécessaire au bon fonctionnement de la société, et pas seulement, surtout vous devez produire la richesse nécessaire à payer les revenus des rentiers, qui eux ne produisent rien.

Tous les habitants de la planète doivent avoir de quoi manger, de quoi s'habiller, où loger, se soigner, s'éduquer et même s'amuser. Cela oblige l'humanité à produire les biens nécessaires pour que ce droit puisse se réaliser.
Mais une partie de cette humanité veut beaucoup plus pour elle seule, et surtout sans travailler. Donc qu'est-ce qu'elle fait? Elle accumule. Elle garde pour elle une partie des richesses. Mais à quoi lui servent-elle? Si elle ne peut ni manger plus, ni s'habiller d'avantage, ni loger dans deux endroits différents en même temps, ni a plus d'un corps à soigner, à éduquer ou à amuser.
Elle va inventer un système économique pour que cette richesse lui permette de continuer à accumuler plus de richesses sans travailler, et que ce soit les autres qui produisent pour elle.
Le système de brevets en est un. Une invention faite par un homme ou par une société en la brevetant, donne des droits financiers aux auteurs à qui les utilisateurs doivent payer une rente. Mais seulement les hommes et pays riches peuvent se payer des recherches, donc les brevets n'appartiennent qu'aux riches et c'est les autres qui doivent payer.
Il suffit après de donner une valeur ajoutée à cette accumulation. Le fait d'avoir de l'argent vaut de l'argent !!!! La valeur d'un sac de blé augmente sans que son poids augmente. Deux grandes inventions le permettent; Les intérêts et l'inflation.

Puis les lois du marché et la spéculation font le reste. Je te donne de quoi produire, soit de l'argent, soit de la matière première, soit de la terre, soit des machines, mais tu me rends la valeur de ce que je te donne, plus un extra. Ainsi tu dois produire plus de ce que tu reçois, plus que ce dont tu as besoin pour vivre.

On a également organisé un système pour contrôler les états et les citoyens par la finance, ça s'appelle « la dette ».
 Lors de la fin de l'esclavage en Amérique latine on a inventé le peonage, c'est à dire le contrôle du travailleur par sa dette. On prête de l'argent à un travailleur, pour qu'il puisse venir travailler avec vous. On lui prête pour différentes raisons :transports, santé ou de l'argent pour laisser à la famille ou tout simplement pour payer une autre dette. De cette façon, tant qu'il vous doit de l'argent il est obligé de travailler pour vous avec un salaire que seul vous décidez du montant, et qui ne lui permettra jamais de vous rembourser car vous ferez en sorte qu'il doive toujours vous emprunter davantage pour vivre, pour acheter des médicaments par exemple. Cette technique est appliquée aujourd'hui par la finance aux citoyens, car avec un bas salaire ils sont obligés d'emprunter pour consommer et ainsi soumis davantage aux propriétaires des moyens de production et aux financiers. Elle est aussi appliquée aux états qui ne peuvent plus se financer par l'impôt car c'est les riches qui ont les reines de la démocratie, et ceux-ci doivent recourir à la dette et ainsi aux règles de la finance et des prêteurs comme le FMI qui vous conditionne le prêt à des réformes qui avantage la finance.

Il faut que les propriétaires des systèmes de production aient de la main d'œuvre bon marché à leur disposition. Et pour cela il faut un système qui oblige tout le monde à travailler pour survivre.

Donc c'est parfait. Nous avons un système où on est obligé de travailler pour vivre, sauf les possédants du capital et des moyens de production, qui eux ont ainsi tout le pouvoir sur la production de richesses.

Le progrès a fait que la productivité ait de moins en moins besoin de main d'œuvre humaine, donc le temps de travail n'arrête pas de diminuer. De plus en plus les personnes doivent accumuler plusieurs boulot pour s'en sortir. Dans les pays riches, le nombre de travailleurs pauvres augmente. Le pouvoir de négociation est de plus en plus du côté des employeurs, et les employés doivent se soumettre.

Le Revenu Universel

Les jeunes générations ne veulent plus un travail où ils ne se réalisent plus. Ils ne veulent plus un travail qui ne respecte pas leurs idéaux.

Une solution très simple existe, le REVENU UNIVERSEL. Un revenu versé sans condition aux citoyens adultes durant toute leur vie, suffisant pour vivre sans avoir besoin d'un travail rémunéré.

Le premier intérêt de ce revenu c'est qu'il équilibre le pouvoir de négociation entre celui qui possède l'outil de production et celui qui loue sa force de travail.

L'emploi ne sera plus un travail forcé, actuellement ce n'est pas parce que l'on peut choisir son emploi que l'on n'est pas forcé de travailler. On pourra refuser de travailler si on ne trouve aucun emploi qui nous convient. L'employeur sera obligé de rendre le poste de travail attractif.

Un autre intérêt c'est que ce revenu permettra enfin de rémunérer des activités essentielles qui ne le sont pas pour l'instant, comme les femmes au foyer, les bénévoles, les étudiants etc.

La principale critique de ce revenu c'est que l'on va payer des personnes improductives pour ne rien faire. On paye pourtant les riches, juste parce qu'ils possèdent de l'argent. On paye aussi des gens qui ne font que jouer. Comme les surfeurs où les footballeurs professionnels.

On pense qu'il n'y aura plus personne pour faire les métiers très peu valorisant, comme les éboueurs, les dames pipi, les plongeurs des restaurants etc. Ces métiers sont très mal payés pour l'instant. Ne faudrait-il pas que justement ces activités primordiales mal aimées soient les mieux payées ? C'est bien plus juste qu'un nettoyeur de chiotte gagne plus qu'un footballeur, l'un souffre dans son travail tandis que l'autre s'éclate. Il ne faut plus rémunérer les gens grâce à leur chance d'avoir un talent, mais plutôt par leur apport à la société.

Il faut que pour le seul fait d'être vivant on ait le droit à un revenu pour vivre. Ce n'est plus possible que notre vie sur terre soit juste une lutte pour avoir un travail qui nous permet de survivre. « Je n'ai pas besoin de gagner ma vie, je l'ai déjà » disait Boris Vian.

Croire qu' un être humain, qui n'a plus à s'inquiéter de sa survie, deviendra un parasite pour les autres, c'est ne rien connaître de l'esprit des hommes qui est naturellement fait d'empathie, de solidarité et de coopération. La compétition individuelle que l'on nous force à adopter dans notre société est une construction du système capitaliste néolibéral. On est dans la compétition parce qu' on nous y oblige. A l'école on est noté pour voir qui est le meilleur, on nous choisit en passant des concours, pour avoir un poste on doit battre d'autre concurrents, on nous oblige à être dans l'individualisme, et non dans l'entraide. On nous force à croire que la méritocratie est juste, que les meilleurs doivent être récompensés, mais on nous cache que la compétition est biaisée depuis le début. C'est seulement le hasard de la naissance qui détermine qui sont ceux qui vont être à la tête de la compétition.

Les entreprises seront obligées de devenir des coopératives, ou du moins faire participer davantage les employés aux décisions. Et peut-être, si elles sont suffisamment attrayante pour donner envie d'y aller travailler, car elles auraient un bon apport sociétal et écologique, et en plus si elles permettent à l'employé de se réaliser, elles auraient un coût de main d'œuvre moindre, puisque si on a déjà de quoi vivre, l'employé pourrait se contenter seulement d'un petit revenu en plus, car ce travail lui plairait.
Les gens continueront à produire puisqu'ils auront le temps de faire ce qui leur plaît. Un musicien pourra se dédier à sa musique car il n'a plus à s'inquiéter de trouver un autre travail pour survivre, mais devra

travailler (comme musicien ou autre) pour pouvoir s'acheter un instrument de musique puisque le RU seulement permet de vivre.

La pauvreté, et donc la délinquance, diminueront énormément puisque l'une entraîne l'autre. Pour éviter des dérives, et que quelques gens un peu perdus fassent un mauvais usage de leur revenu. Le progrès permet de verser l'argent sur une carte bancaire avec des limites sur le type d'achat, une partie ne pourra pas être dépensée que pour se nourrir, une autre pour se loger etc.

Ce revenu permettrait de ne plus rechercher une croissance à tout prix pour créer des emplois pour tout le monde et ainsi arrêter de piller les ressources de la planète.

Imaginez qu'à l'époque du paléolithique il fallait dix hommes pour tuer un mammouth, et que la viande de cette proie suffisait à nourrir une centaine d'hommes. Mais si les chasseurs refusent de partager avec ceux qui n'ont pas participé à la chasse, que se passe-t-il ?. Donc si tout le monde veut manger, il faut que tout le monde chasse le mammouth. Donc les 100 tueraient 10 mammouths là où il ne suffisait que d' un seul, les neuf autres seraient de trop. C'est dans ce cas que l'on se trouve actuellement, à cause d' obliger tout le monde à travailler, ont produit dix fois plus de ce que l'on a besoin et on est en train d'exterminer les ressources de la planète.

La monnaie

Mais comment le financer?
Dans le système actuel c'est presque impossible, on pourrait le faire par un impôt sur les plus riches, mais c'est inutile d'essayer, il ne sera jamais accepté. Même avec un système de vraie démocratie comme je l'ai proposé auparavant, où les impôts seraient prélevés localement. C'est-à-dire que chaque commune prélève ses impôts, impôts sur le revenu de ses habitants et de ses entreprises, impôts fonciers, TVA etc.
Ensuite elle verserait à la région une partie de ces impôts pour financer les infrastructures régionales comme les hôpitaux, universités, routes etc. Et ensuite la région fera de même pour la nation. La commune financerait le revenu universel de ses habitants, mais avec le modèle actuel des monnaies ce serait trop difficile voir impossible. Voyons pourquoi.

On ne va pas faire ici un traité sur la monnaie et l'histoire de celle-ci. Mais la monnaie, actuellement et pendant toute son histoire, n'a été qu'une affaire de confiance.
Chaque pays a sa monnaie. Depuis les traités de Brettons Woods, après la deuxième guerre mondiale, les monnaies étaient liées au dollar et celui-ci a l'or. Mais Richard Nixon décide en 1973 de libérer le dollar de l'or et toutes les monnaies deviennent flottantes. Tout le monde peut avoir sa monnaie, vous pouvez par exemple chez vous imprimer des cartes et dire à vos enfants que s'ils lavent votre voiture où tondent le jardin, ils auront le droit à 3 cartes pour chaque travail bien fait.

C'est sûr qu'ils vous diront d'aller vous faire voir. Mais si pour avoir la permission de voir la TV ou utiliser leur tablette vous leur demandez une carte pour chaque heure passée devant l'écran, ils vous feront le travail et en demanderont davantage. Le problème c'est que cette monnaie que vous avez créé n'a de valeur que chez vous. Et pour acheter quelque chose à votre voisin, dont vous avez besoin, vous devez avoir une monnaie qui est reconnue par vous deux.

On arrive donc aux valeurs des différentes monnaies entre elles. Celles-ci sont émises par les banques centrales de chaque pays. Et la quantité de monnaie qu'elles peuvent émettre dépend énormément de plusieurs facteurs. Cette argent n'est pas mis sur le marché gratuitement, la banque centrale la met à disposition des autres banques avec un certain taux d'intérêt dont le montant est décidé également selon plusieurs facteurs.

Les gouvernements pour financer leur service public, leur investissement et leur fonctionnement, ont, soit la possibilité de lever l'impôt, soit la possibilité de faire des prêts et de s'endetter. Depuis la grande libération de l'économie de l'époque de Reagan et Thatcher, les pays occidentaux ont baissé les impôts des plus riches et ont préféré s'endetter. Les autres pays ont dû suivre.

Tous les pays du monde sont endettés, ou plutôt tous les gouvernements, car les habitants ne le sont pas tous. En France il existe une épargne de près de 7,000 milliards d'euros, de quoi payer la dette du pays deux fois. Le Japon, les É.U. la Grande Bretagne et d'autre pays, ont des dettes supérieures à leurs actifs, c'est-à-dire que même en vendant tous leurs bijoux de famille ils ne pourraient payer leur dette. Mais pour le Japon il n'y a pas trop de problème puisque le principal de leur dette est détenu par ses habitants. Pour les États Unis, eux ils n'ont pas non de problèmes puisqu'ils disposent de la planche à billets des dollars. Tous les autres sont dépendants des spéculateurs investisseurs.

Selon Jason Hickel, en 2012 les pays donateurs ont récupéré 2,5 fois le montant de l'aide accordée cette même année aux pays en développement, via le service de leurs dettes et sous l'effet de la fuite des capitaux.

Le problème c'est que si vous vous endettés dans votre monnaie il n'y aurait normalement pas grand danger, il vous suffirait de faire marcher la planche à billets, c'est la théorie qui s'appelle MMT (Modern Monetary Théory), mais ce n'est pratiquement pas possible puisque les banques centrales ne prêtent pas aux états, et l'état doit se financer chez les investisseurs privés. Depuis la seconde guerre mondiale le commerce international ce fait en dollars, et la valeur de votre monnaie, par rapport au dollar, va dépendre également d'une infinité de facteurs, les intérêts du trésor américain, les intérêts de votre banque centrale, la confiance des investisseurs dans votre monnaie etc. Donc à moins d'habiter une autre planète, vous dépendez des règles économiques des autres.
Toutes ces règles et soit disantes lois économiques sont une invention de l'homme.
Ce que l'on veut nous faire croire c'est que ces lois on ne peut pas les changer, que c'est comme les lois de la

physique où de la chimie. Mais c'est complètement faux, ces lois n'ont rien de naturel.

L'humanité devrait se mettre d'accord sur un système universel qui éviterait la spéculation. On pourrait commencer par créer une monnaie internationale qui ne dépendrait d'aucune nation et qui servirait au commerce international.

L'idéal ce serait de créer une seule monnaie numérique, éliminer les intérêts et créer un organisme international qui déterminerait la quantité de monnaie en circulation et un autre qui fixerait les prix.

Je crois qu'avec les nouvelles technologies les billets et les monnaies n'ont plus lieu d'être. Les libertaires protesteront et diront que c'est une attaque à nos libertés individuelles puisque toute tractation serait connue. Personnellement je ne vois pas où est le problème si on a rien à cacher. Toute opération se ferait au moyen d'une carte, par virement ou prélèvement. Fini l'argent physique.

Depuis le commencement de l'accumulation de richesses on n'a pas fini d'inventer des systèmes, des règles, des lois monétaires et économiques pour faciliter cette accumulation au profit des possédants. La monnaie, les billets, les chèques, les lettres de crédit, les intérêts, les banques, les actions, la bourse, les obligations, Le marché des changes (ou « forex ») qui est le lieu où se négocient les devises, les Organismes de Placements Collectifs (OPC) qui sont des portefeuilles collectifs gérés par des professionnels, les produits dérivés, ces instruments qui sont très risqués et peuvent donc procurer des rendements très élevés, positifs comme négatifs. Ils peuvent en plus prendre différentes formes, dont les principales sont :

Les CFD

Les futures

Les options

Les warrants

Les turbos

Toutes ces inventions sont le produit de l'imagination de l'homme pour s'enrichir sans travailler et surtout sans apporter quoi que ce soit de bénéfique pour la communauté.

Je répète, ce système n'a rien de naturel. Pour récolter des aliments, on doit suivre les lois de la nature, on sème, on arrose, on récolte, etc. Pour s'enrichir sans travailler on invente un jeu ou le gagnant sera toujours le possédant.

Il est grand temps que le peuple ait conscience de cette réalité. Et que les économistes inventent un système plus juste, égalitaire, et où la coopération serait récompensée et non l'accumulation, la concurrence et la spéculation.

C'est un scandale que l'alimentation de l'humanité serve de sujet spéculatif pour que quelques-uns continuent de s'enrichir pendant que le tiers de l'humanité a des problèmes alimentaires.

Tant que le système économique mondial ne sera pas réformé, aucun changement social, politique et écologique ne pourra se faire.

Revenons au Revenu universel. En attendant une réforme totale de la finance mondiale, on pourrait commencer à le donner à ceux qui n'ont pas d'emploi et à ceux qui gagnent moins de 1,5 fois le SMIC. Avec un financement sur un impôt sur les plus riches, une taxe sur les épargnes excessives.

Et bien sûr, une lutte plus efficace sur l'évasion et l'optimisation fiscale. Surtout une réforme de cette dernière en éliminant plusieurs niches fiscales, comme celle qui permet que la communauté paye en partie les services personnels des riches, comme leurs jardiniers, chauffeurs, domestiques etc. Ou les donations à des associations soit disante d'intérêt public. C'est plus logique que le gouvernement décide qui mérite financement, au lieu de que ce soit les possédants qui eux choisissent qui financer avec 70% de l'argent de la communauté et seulement 30% qui leur appartiennent. Et surtout arrêter de financer les entreprises privées qui marchent, juste pour leur demander de nous faire le plaisir d'exploiter davantage nos concitoyens pour gagner plus d'argent et de s'installer chez nous. Il faut financer directement le citoyen, pas des structures qui empochent des sous pour ensuite décider si elles vont distribuer de la richesse.

LES LIBERTÉS

C'est la valeur que tout le monde réclame en premier, bon, surtout ceux qui l'ont. Car ceux qui ne sont pas libres n'ont pas le moyen de la réclamer.

Des trois mots qui composent la légende écrite dans toutes les mairies. « liberté, égalité et fraternité », liberté est la plus nommée. Mais pourquoi ?

Liberté c'est un joli mot, qui a été prononcé par tous les peuples qui cherchent à s'émanciper d'un tyran ou d'un colonisateur ou envahisseur, par des esclaves, des prisonniers, des peuples occupés, des colonisés, etcetera.

Dans ces cas-là on ne peut que comprendre le besoin de ce droit que ces gens-là exigent et qui se battent pour l'obtenir.

Mais qu'en est-il lorsque la demande de liberté vient de l'élite ?

Lorsque les politiciens des démocraties libérales vantent la liberté du droit de vote dans ces dernières, ce n'est que pour maintenir le système qui leur permet de garder le pouvoir, grâce à leur liberté d'acheter les médias, grâce à la liberté de s'enrichir, grâce la liberté de circulation de l'argent, grâce à la liberté d'exploitation des moyens de production, grâce à la liberté d'investir dans l'éducation de leur enfants etc.

C'est pour cela qu'ils tiennent beaucoup à cette liberté, car cette liberté qui leur fait d'être l'élite, c'est elle qui leur permet de voyager, d'acheter des maisons, des villas, des Yates, se payer des restaurants, des belles voitures et tout ce que l'argent peut acheter.

Mais les autres? Ils ont en théorie les mêmes libertés, mais dans les faits pas du tout. Ce n'est pas parce que une chose est permise que tout le monde peut la faire. Le système est fait de telle manière que la liberté n'appartient réellement qu'à quelques privilégiés.

On a le droit mais pas la possibilité d'être élu, donc pas la liberté.

On a le droit de voyager mais très peu peuvent le faire, donc pour plusieurs la liberté de mouvement est restreinte.
On a le droit à la parole, mais pas l'accès aux médias, donc pas de liberté d'expression.
On a le droit d'acheter n'importe quoi, mais seulement si on a l'argent, donc la liberté d'achat n'existe pas chez les sans sous.
Le degré de liberté est lié au pouvoir de l'argent dans les démocraties libérales. Dans les autocraties, le degré de liberté dépend de votre relation avec l'autorité. Dans les dictatures, le degré de liberté est contrôlé par le dictateur.
Dans une vraie démocratie, le degré de liberté doit être décidé par la société.

L'ÉGALITÉ

C'est de mon point de vue ce qui manque le plus dans nos sociétés actuelles.
Et cette inégalité n'est pas du tout naturelle comme on veut souvent nous le faire croire.
Dans le paléolithique, avant la sédentarisation, la création de l'État et de la propriété privée, surtout celle de la terre, l'égalité était sûrement la règle. Je parle d'égalité sociale, pas physique ni biologique. Il y avait sûrement des êtres plus forts physiquement que d'autres, d'autres plus fragiles, sans parler des différences de sexes. Sûrement des chefs de clans et des chefs pour diriger la chasse existaient ils.
Certainement les femmes avaient un statut privilégié

dans le groupe car étant indispensables à la survie du clan, qui lui était sûrement matrilinéaire.

Ce n'est qu'à partir du moment où une partie de l'humanité doméstica les céréales, comme le démontre l'anthropologue James Scott dans son livre Homo Domesticus, que commence l'accumulation de richesses, la levée des taxes, et la création de l'Etat. Une caste se forme à cette époque composée de sacerdoces, de nobles, et de militaires, qui ne produisent rien, mais qui contrôlent l'État et qui ont besoin de la production des autres pour vivre. Les classes sociales apparaissent et les inégalités commencent ainsi que le patriarcat. Ce type de société se forme un peu partout sur la planète, mais reste minoritaire très longtemps. Certaines sociétés égalitaires survivent jusqu'à nos jours, mais le système de classes sociales finit par dominer et les inégalités par exploser.
Au courant du XIX siècle les inégalités augmentent dans les sociétés capitalistes.
Elles diminuent un peu à cause des deux guerres mondiales et grâce à l'impôt très élevé sur les grandes fortunes pendant le New deal de Roosevelt et pendant les trente glorieuses. Mais après la libération de l'économie depuis Reagan et Thatcher et la baisse des impôts des riches, les inégalités ne cessent d'augmenter.

Selon Paul Bairoch « il n'existe pas de différences importantes entre les niveaux de revenu des diverses civilisations au moment où elles atteignent leur apogée:

Rome au I siècle, les Califats arabes au X siècle, la Chine au XI siècle, l'Inde au XVII siècle, et l'Europe au XVIII siècle ». Ainsi à l'aube de la première révolution industrielle, l'écart de revenu par habitant entre l'Europe Occidentale, l'Inde, l'Afrique ou la Chine est probablement inférieur à 30 % seulement.

Tout est bouleversé avec la révolution industrielle qui creuse brutalement un écart entre les nations. En 1870, le revenu par tête des nations les plus riches est déjà 11 fois plus élevé que le revenu par tête des nations les plus pauvres. En 1995, ce chiffre est multiplié par 5 : Les plus riches sont 50 fois plus riches que les plus pauvres. Le phénomène inégalitaire entre nations est donc « récent » et se trouve être le produit des deux derniers siècles.

En 2006, la part dans le revenu total des 20 % de la population mondiale aux revenus les plus faibles est d'environ 1,5 %. En parallèle, les 500 personnes aux revenus les plus élevés ont un revenu de 100 milliards de dollars, équivalent aux revenus des 416 millions de personnes aux revenus les plus faibles. Les 2,5 milliards d'individus vivant avec moins de 2 dollars par jour, soit 40 % de la population mondiale, représentent 5 % du revenu mondial.

Et on pourrait continuer des pages entières avec des statistiques qui démontrent l'ampleur des inégalités dans le monde, et pas seulement sur les revenus, mais également sur le patrimoine, sur la mortalité, sur le logement, sur l'accès à l'eau, sur l'éducation, sur l'accès à la santé et également les inégalités sexuelles et ethniques.

Cette injustice est la principale raison que l'on a pour devoir changer de système politique et économique. Ce n'est pas soutenable cette différence entre individus de la même espèce. C'est le premier article de la déclaration des droits de l'homme, tant nommée et mise en avant par les démocraties libérales responsables de cette injustice.

« Article premier

Tous les êtres humains naissent libres et égaux en dignité et en droits. Ils sont doués de raison et de conscience et doivent agir les uns envers les autres dans un esprit de fraternité. »

Cela nous amène au troisième mot de l'énoncé, la fraternité.

LA FRATERNITÉ

C'est ce caractère qui manque le plus à l'élite, et aux dirigeants de la civilisation actuelle, et c'est celui dont on a le plus besoin pour changer de système.

A l'école, depuis le plus jeune âge, on nous note, on nous met dans un classement, on nous pousse à être le meilleur. Pendant toute notre scolarité on va nous dire qu'il faut travailler, étudier, avoir un bon diplôme, et de cette façon on fera partie de l'élite donc des gagnants. Mais pour qu'il y ait des gagnants il faut bien sûr des perdants.

Dans un système qui se base sur l'accumulation de richesses par l'exploitation des ressources humaines et naturelles, tout le monde ne peut pas être l'exploiteur , il faut des exploités. Et ce n'est surtout pas la fraternité qui va nous être enseignée pour y arriver, mais tout le contraire.

Même dans le sport, que l'on pare de toutes les vertus, et avec raison, car il nous permet d'être en meilleure santé physique et mentale tout en jouant, on nous oblige à nous comparer aux autres pour être le meilleur. On pourrait nous enseigner comment courir, comment sauter, comment lancer, même nous chronométrer, mesurer nos performances pour voir notre avancement et nous améliorer. Mais pourquoi toujours nous mesurer aux autres? Pourquoi faire des compétitions pour voir qui est le meilleur ? Ça fait des êtres qui vont être fier d'avoir gagné ou d'être parmi les meilleurs, mais les autres ? Ils vont être découragés, honteux, déprimés etcetera.

Et est-ce que les gagnants, soit dans le sport, soit dans les études, le méritent-ils ?

Est-ce que les gagnants dans les études n'ont-ils pas gagné parce qu'ils sont déjà des fils de gagnants ? Ce qui leur a permis d'être épaulé dans leurs devoirs quand ils étaient petits et d'avoir des cours particuliers, puis plus tard avoir un financement pour leurs études. Et pour obtenir les meilleures places, ils ont hérité des codes de leur statut social.

Est-ce que les gagnants dans le sport n'ont t'ils pas gagné parce qu'ils avaient le meilleur équipement et étaient dans les meilleurs clubs, payés par leurs parents? Est-ce qu'ils n'ont pas gagné grâce à un talent hérité génétiquement ? Et des circonstances de rencontres et autres hasards dans la vie, ne les ont ils pas bénéficié sans aucun mérite de leur part?

La méritocratie n'est qu'une manière de justifier les inégalités et les injustices de cette société.

Attention, je ne nie pas les succès mérités de quelques-uns grâce à leur talent ou à leur effort, où celui d'un groupe. Mais on ne peut pas généraliser.

Ce n'est pas parce qu' un faux bourdon arrive à copuler avec une reine abeille que tous les autres peuvent y arriver.

Si à l'école on nous enseignait la coopération au lieu de la concurrence, la fraternité entre les humains se porterait beaucoup mieux. On peut très bien apprendre les mathématiques, la langue ou la philosophie sans être catalogué et évalué toutes les 4 secondes pour nous comparer aux autres. Ce n'est pas parce qu' on réussit un examen à un moment donné, que l'information qui nous à permis de réussir va rester gravé dans notre cerveau à vie. Cet examen démontre seulement qu'à ce moment-là on connaissait cette information.

Il faut donner la priorité à enseigner comment chercher l'information lorsque l'on en a besoin et surtout apprendre à évaluer la source de cette information pour connaître sa véracité. L'enseignement doit être dirigé à apprendre à travailler ensemble, à coopérer, à partager notre savoir et nos habiletés. Si on veut absolument évaluer le travail et le savoir des élèves c'est en notant le travail en groupe, en changeant les intégrants à chaque fois et ainsi essentialiser l'apprentissage à travailler avec différents groupes. Auparavant on pouvait peut-être lier une découverte ou une invention à un seul individu, mais plus maintenant. On le voit dans les prix Nobel, ils récompensent de plus en plus un groupe d'individus.

Depuis notre naissance nous profitons de ce que nos anciens ont fabriqué, construit, inventé, réalisé, et pas seulement matériellement mais culturellement aussi. Lorsqu'un scientifique dans son laboratoire, ou un ingénieur dans son atelier découvre ou invente quelque chose et dépose un brevet sur cette invention ou découverte, les bénéfices lui reviennent. Mais pour réaliser ce qu'il a fait, il a bien fallu que quelqu'un fabrique ses vêtements, que quelqu'un produise sa nourriture, que quelqu'un lui cuisine, que quelqu'un nettoie son laboratoire ou atelier, sans parler de tous les produits et inventions qu'il a utilisé pour arriver à son but. Sans tout cela il n'y aurait jamais arrivé, donc il devrait partager les bénéfices de sa découverte ou invention.

 Je suis pour l'annulation des brevets qui ne font que permettre que des gagnants ne vivent que de rente.
Nous sommes une espèce sociale, nous ne pouvons survivre qu'en groupe, l'individualisme est contre nature dans l'espèce animale Homo sapiens.
Les révolutionnaires français se sont trompés, ce n'était pas; « Liberté, Égalité, Fraternité » qu'il fallait mettre, sinon « Fraternité, Égalité, Liberté »
Puisqu'il ne peut avoir d'égalité sans fraternité ni de liberté sans égalité.

FÉMINISME, RACISME, LGBT

Comme dans la grande majorité des espèces animales et végétales, nous sommes une espèce sexuée. Sans la sexualité l'évolution n'aurait pas l'efficacité qu'elle a, elle permet avant tout le croisement de l'information génétique qui nous permet d'évoluer et de s'adapter. L'égalité des sexes n'existe pratiquement pas dans la nature, chaque sexe a une fonction différente. Je vois d'ici les féministes qui me lisent me traiter de sale macho.

Je parle d'égalité biologique.

Dans le monde des insectes, qui ont pour la très grande majorité, ce qu'on appelle en écologie la stratégie « r », c'est-à-dire qu'ils privilégient la naissance de plusieurs individus et une vie courte. Dans ce monde là les femelles ont le rôle le plus important et de loin. Elles ont souvent le droit de vie et de mort sur le mâle.

En général, dans ces espèces il existe un grand diphormisme sexuel.

Dans les espèces, comme la nôtre, qui utilisons une stratégie de reproduction du type K, qui privilégie la naissance d'un petit nombre d'individus pour une vie longue.

La femelle continue à avoir un rôle primordial dans la reproduction, mais en général l'importance de chaque sexe est partagé dans la survie de l'espèce.

Le dimorphisme sexuel est beaucoup moins important dans ces espèces, surtout chez les oiseaux, où celui-ci n'apparaît parfois qu'au moment de la reproduction. Ceci est peut-être dû à ce que chez les oiseaux on trouve souvent la monogamie et aussi une certaine égalité dans les rôles du couple ou du groupe. Les deux, mâle et femelle s'occupent du nid, de la recherche de nourriture, des petits et de leur défense.

Chez les mammifères comme nous, on observe en général, plutôt une vie en groupe, troupeau, clan, meute etc. Ici les fonctions de chaque sexe diffèrent. Les femelles ont bien sûr le rôle principal dans la reproduction, mais comme elles sont obligées de s'occuper des petits pendant le début de leur vie , puisque seulement elles, peuvent les nourrir avec leur lait, la défense du groupe est donc réalisée par les mâles. Ceux-ci pour pouvoir perpétuer leur descendance doivent souvent se battre entre eux pour copuler avec les femelles. Donc on voit un dimorphisme sexuel plus important que chez les oiseaux, en général le mâle devient plus imposant. Mais selon moi ce n'est pas la seule raison. Chez les oiseaux par exemple, puisqu'il y a monogamie, pas besoin de dimorphisme sexuel puisque l'on se croise avec un seul individu. Mais dans un troupeau? Sans dimorphisme sexuel pas fácil de différencier les sexes, on risquerait de copuler avec des individus de notre sexe et cela ne permet pas la reproduction. C'est d'ailleurs une des raisons que l'on donne à l'importance de l'évolution du dimorphisme sexuel.

Je pose là que des généralités, mais c'est pour mieux vous expliquer mes idées sur l'apparition du patriarcat et donc du féminisme puisque sans le premier le dernier n'existerait pas.

Qu'elle était la vie sociale d'Homo Sapiens pendant le paléolithique? Durant les 300,000 ans avant le mésolithique puis le néolithique. Difficile à dire, peut-être différents types de société. La plupart des anthropologues pensent que l'on vivait en groupe ou en clan. C'était des sociétés de chasseurs cueilleurs avec très peu de hiérarchie, mais sûrement avec des chefs pour prendre des décisions ou diriger la chasse. Pourquoi pas des cheffes? Ben pour les mêmes raisons que j'ai donné auparavant. On voit mal une femelle diriger un troupeau et s'occuper en même temps de ses petits, bien qu'une meute de loups puisse être dirigée par un couple de loups, puisqu'ils sont monogames. Les mammifères femelles ont une obligation envers leurs petits qu'elles ne peuvent déléguer aux mâles. Mais même dans le cas des loups, si le mâle du couple dominant meurt, la femelle doit se retirer de la direction de la meute.

Le plus probable chez l'homme, même s' ils étaient monogames, et on n'en sait rien, c'est que les sociétés étaient matrilinéaires.

Puis au Néolithique avec l'arrivée de la domestication de certaines plantes et de certains animaux, arrive une spécialisation des activités, et une division sexuée du travail . On pense que les femmes sont à l'origine de l'agriculture qui nécessite moins de force physique que la chasse.

Mais ne généralisons pas, la majorité de l'humanité reste structurée en société chasseurs cueilleurs. Certains groupes se sédentarisent tout en restant chasseurs cueilleurs, ils s'installent dans des endroits où ils trouvent de tout pour survivre, poissons, crustacés, racines, fruits etc. Puis les ressources deviennent rares et ils deviennent agriculteurs. L'agriculture est un choix, la connaissance des plantes est très répandue depuis des millénaires, mais seules quelques populations décident de s'y consacrer. Lorsque en Mésopotamie dans la première ville connue, Uruk, vers 4000 ans avant n.é. s'installe une sorte d'État qui vit de la culture des céréales et du commerce grâce aux fleuves Euphrate et Tigris, le patriarcat prend naissance.

Les céréales permettent le stockage de nourriture, puisqu'on peut les conserver, le prélèvement d'une taxe, puisque les grains sont visibles et récoltés en une seule fois. Ils représentent une richesse pour les propriétaires. L'accumulation de richesses donne comme conséquences l'envie de laisser en héritage celles-ci à quelqu'un, logiquement à ses enfants. Mais comment être sûr que ce sont les siens puisque seul la femme procréée. Il s'installe donc un système de domination totale de l'homme sur la femme pour essayer de contrôler son corps et ses actes. Le changement de l'alimentation va être également préjudiciable pour la femme , les céréales sont pauvre en fer, très nécessaires à la femme enceinte. Et la sédentarité va également changer la natalité, les femmes ont pratiquement un enfant tous les ans contre un tous les trois ans auparavant avant la sédentarisation.

Les religions polythéistes ou monothéistes s'y mettent. Il s'agit de garder le pouvoir et les richesses. Plus une société est hiérarchisée, plus les hommes ont du pouvoir, plus les inégalités sont grandes, plus l'homme domine.

Dans les sociétés ou la propriété privé n'existe pas, surtout celle de la terre, la place de la femme dans l'administration et l'organisation est souvent plus importante que celle de l'homme. On trouve beaucoup d'exemples dans les nations Nord américaines non sédentaires, avant l'arrivée des colons.

On ne connaît pas de civilisation matriarcale aussi dominante que le patriarcat.

Le patriarcat n'existe que lorsque la propriété privée est la règle, et l'accumulation des richesses est le moteur de la société. Le capitalisme permet la domination financière de l'homme sur la femme, la religion légitime la domination sociale de l'homme sur la femme et la culture la domination sexuelle.

Les sociétés modernes depuis le XIX siècle essayent d'améliorer le sort des femmes, avec très peu de réussite. On a inventé la démocratie mais celle-ci a toujours été très limitée. En Grèce antique seul le citoyen homme, libre, et sans besoin de travailler pouvait voter. A la création de la démocratie des États Unis seuls les hommes blancs et propriétaires pouvaient voter.

Les premiers droits de vote des femmes dans certains états des États Unis et dans quelques pays commencent à la fin du XIX siècle, mais sont également limités aux femmes blanches propriétaires. Dans quelques autres pays qui donnent le droit de vote aux femmes, il est limité aux femmes adultes célibataires ou veuves, et interdits aux femmes mariées.

C'est assez logique que, lors de la première révolution qui abolit le capitalisme et la propriété privé en Rusie, le vote aux femmes soit légalisé en même temps en 1917 et l'avortement en 1920. Devenant le premier pays au monde à le faire.

Les droits des femmes sont très différents d'un pays à un autre, et parfois d'un état à un autre du même pays. On pourrait penser que c'est dans les pays les plus avancés économiquement et les plus développés que leurs droits sont les plus respectés, mais ce n'est pas toujours vrai. Plusieurs pays de l'Europe de l'Est ont suivi la Russie dans les années suivantes à la légalisation, de même que quelques pays d'Amérique Latine et quelques États des États Unis. La Turquie leur donne le droit de vote en 1930 très longtemps avant la France, pays des droits de l'homme, qui le fit seulement après la deuxième guerre mondiale en 1946. Actuellement les pays occidentaux, mais pas tous, ont soit disant établi dans leurs constitutions l'égalité des droits homme/femmes. Mais la réalité est bien différente,
Même si les lois existent pour protéger les femmes, la société ne change pas si facilement. Le patriarcat est partout, surtout dans les milieux religieux. Mais même dans les sociétés soit disant libérales et démocratiques, les hommes n'ont pas perdu leur machisme et pour beaucoup leur misogynie culturelle. Ils faut insister sur l'éducation des enfants, pas seulement des garçons, mais aussi des filles. Dans de nombreuses sociétés les mères éduquent encore leurs filles à être soumises et à obéir à l'homme. Des femmes se sentent obligées

envers leur mari quand celui-ci apporte au foyer la majorité des ressources, quand le travail au foyer devrait être valorisé à la même hauteur, sinon plus, que le travail à l'extérieur. Surtout vu l'importance de l'éducation des enfants.

Depuis le mouvement Metoo, la voix des femmes est davantage écoutée. Mais c'est surtout dans les violences sexuelles que le viseur est mis. Je pense pour ma part qu'il devrait être davantage dirigé sur leur place dans la société. Je ne nie pas la gravité des violences, que ce soit le viol ou les femmes battues et tuees, mais même si le nombre de victimes est énorme, il n'a rien à voir avec le nombre de femmes qui se trouvent infériorisées, maltraités, sous payées et exploités. Très souvent les violences, sexuelles ou non, dans les couples viennent de frustrations individuelles, c'est pour cette raison qu' on les trouve dans toutes les classes sociales, tandis que l'émancipation des femmes est bien supérieure dans les classes sociales éduquées.

Dans les médias, le féminisme est presque réduit aux violences sexuelles commises par des hommes publics, que ce soit des artistes où des politiciens. Ils sont bien sûr jugés et condamnés par les mêmes médias, et parfois par la justice. S'ils ne sont pas condamnés par la justice, cela ne veut pas dire qu'ils sont innocents, parfois même ils sont condamnés injustement par les médias. Le gros problème c'est que ça nous éloigne des problèmes plus importants , comme ce sont les types de travail que l'on donne aux femmes. Par exemple, le travail de nettoyage dans les entreprises avec des horaires impossibles et très mal payés, ou les métiers du care où les postes les moins payés sont réalisés par des femmes et bien d'autres emplois mal rémunérés et difficiles.

On parle beaucoup plus, cent fois plus, de si tel ou tel artiste est un violeur ou un pervers et si on doit boycotter ses œuvres ou non, si tel politique doit démissionner ou non parce qu'il a gifle sa femme, que de la situation des mères célibataires avec enfants dans les cités ou des femmes de ménage des hôtels qui sont payées à la tache.

La lutte pour l'égalité des droits des femmes se trouve escamotée par une lutte à l'intérieur de l'élite pour punir quelques figures publiques.

Il n'y a qu'à voir le procès entre Johnny Depp et sa femme vu par des millions de téléspectateurs. On aurait bien aimé voir un procès entre les femmes de ménage d'un hôtel et leur patron.

Non seulement le féminisme a plusieurs facettes, plusieurs féministes n'ont pas du tout le même point de vue sur celui-ci. Il est parfois utilisé pour dénigrer des peuples entiers. Plusieurs féministes dénigrent les femmes qui portent le voile et leur culture.

Une femme qui porte le voile est tout de suite cataloguée comme soumise et sans volonté propre, donc inférieure à une femme occidentale qui elle est soi-disant émancipée car son apparence le démontre. Qui est plus soumise ?, la femme voilée par ordre du mari, ou la femme accros aux régimes diététiques pour plaire au mari.

Plusieurs pays musulmans obligent le port du voile, mais le sort des femmes n'est pas du tout le même dans ces pays théocratiques. Par exemple, en Arabie Saoudite où le voile est obligatoire, les femmes viennent à peine d'avoir le droit de conduire et ne sont pas nombreuses à être professionnelles. En Iran, où le port du voile est également obligatoire, les femmes sont plus nombreuses que les hommes à l'université, le taux femme/homme à l'université y est supérieur qu'en France, plus de femmes médecins que d'hommes médecins. Des professions qui, même en Occident, sont rarement occupées par des femmes, comme les pilotes de ligne, ne sont pas rares à être occupées par des femmes. Donc ce n'est pas le voile qui détermine l'émancipation de la femme. Même s'il y a des intellectuels occidentaux qui disent que ce succès, les Iraniennes ne le doivent qu'à elles même. Donc ça voudrait dire que les femmes d'Arabie Saoudite, d'Afghanistan, du Qatar et autres pays sont dans cet état de soumission par leurs fautes ? Il ne faut pas oublier que le voile fut interdit à une époque en Iran, ce qui n'empêchait pas leur situation d'infériorité. Les femmes doivent avoir le droit de s'habiller partout comme elles le veulent, l'habit ne doit pas être discriminatoire, surtout dans un pays qui ce dit une démocratie libérale. Si des filles, tout en étant françaises, veulent garder une identité sur leur origine ethnique, elles doivent en avoir le droit, si on leur interdit elles vont se sentir rejetées par leur pays d'accueil. Il ne faut pas que le féminisme se laisse manipuler par les médias. C'est important bien sûr de faire quelque chose pour que les hommes de pouvoir et pervers ne profitent pas de leur position pour profiter des femmes. Et de protéger davantage les victimes d'agressions sexuelles et de violences conjugales. Mais c'est tellement plus important de sortir du patriarcat et du capitalisme toutes les femmes, pour trouver une réelle égalité homme-femme.

Interdire les œuvres produites par des artistes qui ont agressé des femmes, ou commis des actes pédophiles, pour moi n'a aucun sens. La valeur d'une œuvre est l'œuvre elle-même, la moralité du créateur n'y a aucune place. Est-ce qu'il faudrait un certificat de bonne conduite morale sur l'auteur de chaque film, chaque livre, chaque peinture, chaque sculpture, chaque chanson que l'on produit? C'est pour cette raison aussi que je suis contre le culte à l'artiste, on doit admirer l'œuvre et non l'artiste, même si c'est grâce à lui que celle-ci existe. Un dicton dit « Pour chaque crime commis dans ce monde on a tous une part de responsabilité », je suis tout à fait d'accord, mais aussi on peut dire « Pour chaque œuvre d'art produite dans ce monde on a tous une part de mérite ».

La seule solution pour en finir avec les violences et les injustices faites aux femmes, c'est l'éducation.

Dans notre système actuel, mettre en priorité l'éducation à l'école des enfants sur le respect de l'égalité sexuelle et sociale n'est pas possible, puisque la priorité c'est la méritocratie depuis la plus tendre enfance et non l'égalité.

Le droit des homosexuels et en général le mouvement LGBT a également évolué ces dernières années.

On ne vas pas ici faire non plus une histoire sur l'homosexualité, il faut juste savoir que dans plusieurs sociétés anciennes elle n'était pas discriminatoire. Elle était même très bien vue à une époque dans la Grèce antique que l'Occident admire tant. Les hommes de l'élite avaient comme habitude d'avoir de jeunes hommes comme amant, c'était le cas d'Alexandre le Grand.

Mais depuis que les trois religions abrahamiques dominent le monde, l'homosexualité est vue comme un péché, un délit ou au mieux une maladie et est largement puni.

Pourtant, en réalité, l'homosexualité est très présente dans la nature, elle est tellement présente que l'évolution a dû créer le diphormisme sexuel, pour privilégier le croisement entre sexe femelle et mâle. Chez les oiseaux c'est le groupe d'animaux où l'on trouve très souvent des couples homosexuels. En particulier chez les cygnes.

Chez les mammifères qui vivent en société comme les grands singes ou les dauphins ce n'est pas rare d'observer des relations homosexuelles.

Ce n'est que depuis peu que l'homosexualité est dépénalisée dans de nombreux pays. La révolution française en 1791 dépénalise l'homosexualité mais celle-ci est vue comme une maladie jusqu'à 1981. Quelques pays comme l'Argentine le font à la fin du XIX siècle. La plupart au XX siècle. Mais de nombreux pays continuent à le pénaliser, surtout des pays avec un pouvoir théocratique musulmans.

La Russie le dépénalise en 1917 lors de la révolution. On pourrait remarquer que les deux grandes révolutions populaires ont mis un terme à cette descriminacion.

Très souvent ce sont des gouvernements de gauche qui ont installé les libertés sexuelles.

On peut faire une remarque ici sur un droit qui peut étonner, vu la descrimination des femmes dans les différentes sociétés, dans de très nombreux pays l'homosexualité était légale pour les femmes mais pas pour les hommes !!

De même que pour le droit des femmes, les droits pour les homosexuels existent dans la loi. Mais ce n'est pas pour cela qu'ils sont respectés, et la lutte pour les droits LGBT est essentielle. Il s'agit aussi de nous rééduquer, nous les adultes, à cette cause qui est tout à fait naturelle mais qui nous a toujours été cachée. Les nouvelles générations, qui sont plus exposées à cette normalisation, vont mieux accepter l'homosexualité et respecter leur droit.

Mais là aussi il faut faire très attention, la grande médiatisation que font, soit la reconnaissance de leur droit par les démocraties libérales, soit leur persécution par des gouvernements ou des partis de droite, sert les intérêts racistes et discriminatoires de l'Occident. Celui-ci se félicite de donner toutes les libertés et les droits aux homosexuels et critique et discrimine les pays qui les réprime.

En plus d'être faux, car si la loi de protection existe dans ces pays, le droit et le respect qu'on leur doit dans les démocraties libérales sont loin d'être respectés. Les discriminations à l'embauche continuent et les harcèlements aussi. Bien que c'est vrai et que c'est tout à fait inacceptable les lois discriminatoires et punitives qui existent dans des pays sous développés, il est injuste que l'on qualifie ces peuples d'arriérés et inférieurs.

Dans ces pays, qui ne sont pas du tout démocratiques, ces lois proviennent du pouvoir de la religion. Et si ces pays sont sous développés économiquement et socialement, c'est pour beaucoup à cause des pays colonisateurs. Il arrive que la population de ces pays soit plus tolérante que la population des démocraties libérales.

Un petit exemple, lors du dernier mondial de fut, après un but marqué par l'équipe de France, deux joueurs, Mbappé et Giroud, ont fêté le but en se faisant des câlins que certains pourraient catalogué de suggestifs, les réseaux sociaux en France se sont emballés en se moquant et en les cataloguant d'actes homosexuels, tandis que dans les milieux Qatarí rien n'est ressorti. Utiliser notre soi-disant respect des libertés LGBT comme exemple de supériorité envers les autres pays, pour cacher nos responsabilités envers l'injustice des inégalités nationales et internationales, c'est immoral. Lors du mondial du Qatar plusieurs personnages politiques se sont présentés avec des bandeaux LGBT, mais rien contre les entreprises qui ont exploités les travailleurs des constructions des stades et autres structures, dont plusieurs sont morts. Entreprises pour la plupart multinationales. Victimes bien plus nombreuses que la pénalisation des actes homosexuels. Même la CIA a ouvert un secteur sur LGBT pour promouvoir la supériorité de l'Occident sur le respect de leurs droits. L'OTAN fait de même, il essaye de faire passer cette organisation militaire, pour une organisation humanitaire qui défend le féminisme et les droits de l'homme, il suffit de voir la propagande qui a été faite avec Angelina Jolie pour promouvoir le féminisme.

Donner des droits à une toute petite minorité et le faire savoir, pour cacher des injustices faites à un autre groupe social peut très bien convenir à la classe dirigeante, à nous de ne pas tomber dans le panneau.

Ils ne s'agit pas de mettre en concurrence les luttes des minorités, qui d'ailleurs ne le sont pas, les femmes sont un peu moins nombreuses que les hommes dans le monde,(100 femmes pour 102 hommes) et les minorités raciales sont plus nombreuses que l'homme blanc.

Mais les revendications séparées n'aident pas, car elles permettent d'un côté, de les mettre en concurrence, et de l'autre elles permettent à l'élite de viser quelques cas particuliers et distraire l'attention du problème principal, c'est à dire l'élite qui est composée de l'homme blanc.

Le racisme et le nationalisme sont peut-être les principaux dangers des sociétés mondiales. En France c'est les descendants des anciennes colonies qui subissent le plus le racisme. Ici aussi c'est la même situation qu'avec les inégalités hommes/femmes. Les lois sont là, mais le respect de celles-ci est inexistant. Si l'origine des injustices sur les femmes est bien connue, le patriarcat y est tenu pour responsable, pour le racisme c'est une autre histoire. Comment expliquer la haine d'une société envers des populations entières. Dans toute l'histoire de l'humanité il y a eu des guerres entre les peuples, l'exploitation d'une population par une autre. Mais c'était pour des raisons économiques, ou de territoires, souvent pour exploiter l'autre, ou de prestige. Mais on ne connaît pas une idéologie de supériorité d'une race sur l'autre comme celle apparue au XIX siècle dans le monde occidental. C'est fort possible que cette idéologie soit née comme une façon de se justifier des crimes commis envers d'autres ethnies. Par exemple, les colons américains envers les peuples autochtones de l'Amérique du Nord pour justifier le vol de leur territoire et leur élimination, et ce racisme a fait que cette colonisation devienne une colonisation de remplacement, les colons refusant de se croiser avec un peuple inférieur. A la différence de la colonisation espagnole en Amérique latine, où il y a eu davantage de métissage. Cortes, le conquistador du Mexique, désirait ce mélange, d'ailleurs lui et plusieurs de ses lieutenants se marièrent avec des indiennes. Est-ce que c'était par manque de racisme? Peut-être, mais ceci n'empêcha pas qu'un racisme entre blanc et metí, entre blanc et indien, et entre metí et indiens s'installa dans toute l'Amérique latine. Mais ce fut le racisme envers les noirs qui fut le plus dramatique. Pour avoir la conscience tranquille de la mise en esclavage des noirs, quoi de plus simple que de les inférioriser.

Aux XIX siècle, la colonisation du monde par les puissances occidentales, principalement l'Angleterre et la France, explose, surtout en Asie et en Afrique. Ici encore pour justifier leur crimes, puisque la colonisation est un crime contre l'humanité, ils vont inventer avec des bases pseudo scientifiques que la race blanche est supérieure aux autres, surtout des noirs. Même des grands intellectuels aujourd'hui admirés, comme Victor Hugo, Kipling, Ferry et autres vont faire passer la colonisation comme un devoir de l'homme blanc pour aller apporter la civilisation à ces sauvages.

Mais qu'est-ce qui fait que ce racisme perdure, maintenant que personne ose parler de supériorité raciale? La fin de l'esclavage qui c'est produit un peu partout dans les colonies d'Amerique, entre le milieu et à la fin du XIX siècle, n'a pas pour autant donné le même droit aux anciens esclaves que ceux dont bénéficie les blancs, ils ont dû attendre jusqu'à la fin des années 1960. Mais les inégalités perdurent et les actes racistes aussi. Les dernières colonies des empires Français et Anglais ont retrouvé leurs indépendances il y a plus de 50 ans. Mais là aussi ce ne fut pas la fin de ldomination de l'occupant, avec le néocolonialisme celui-ci continue à contrôler les systèmes de production. La situation économique de ces pays a provoqué une émigration vers les anciens pays colonisateurs. Bien que ces émigrés bénéficient à l'économie des pays riches, ils subissent des injustices et des actes racistes. Mais pourquoi donc l'homme blanc occidental, que ce soit aux États Unis ou en Europe, après avoir reconnu ses méfaits dans l'histoire envers ces peuples esclavises et colonisés, continue à maintenir un racisme systématique envers eux?

Car c'est vraiment de cela qu'il s'agit. S'excuser et dire qu'il s'agit juste de quelques racistes qui en sont les responsables est faux. C'est vraiment un racisme d'état, car c'est la police qui fait des actes racistes, c'est l'école qui laisse tomber ces étudiants non blanc qui sont en difficulté, c'est les entreprises qui discriminent à l'embauche, c'est le gouvernement qui créait des ghettos, et c'est le peuple qui vote pour des politiciens racistes.

Un exemple de racisme de la société française; lors de l'assassinat de Hazel, un jeune de 17 ans des banlieues par un motard policier, un journaliste d'extrême-droite a organisé une cagnotte pour la famille du policier, celle-ci au bout de 5 jours a dépassé le million d'euros, tandis que la cagnotte organisée pour la mère de la jeune victime, ne dépassait les 100,000 euros. Quelques années auparavant une cagnotte organisée pour soutenir un boxeur emprisonné, pour avoir cogné un policier, fut interdite au bout de deux jours. Tuer un jeune issu de la migration peut rapporter gros à un policier.

Les médias participent très fortement à ce racisme. Lorsque les banlieues se rebellent et provoquent des émeutes, en réaction à des violences policières ou à des dérapages ou à de véritables crimes commis par la police avec des morts. Les médias prennent immédiatement le parti de la police.

Les émeutiers brûlent des voitures et des poubelles par rage et pour le spectacle. Ils s'attaquent à des installations qui représentent l'État, comme les écoles, les mairies et les gendarmeries. Ils attaquent la police par haine et pour se venger de toutes les humiliations subies, et à tout uniforme en général (pompiers). Et bien sûr des casseurs en profitent pour piller des commerces. Mais que font les médias et leurs spécialistes de plateau? Essayer de comprendre pourquoi la rage des ces jeunes, de plus en plus jeune?

Pas du tout. Politiciens de tous bords, journalistes et spécialistes les traitent seulement de voyous, de fils d'émigrés mésadaptés, d'ennemis de la république, qu'il faut surtout réprimer et mettre en prison avec de lourdes peines.

Lorsque quelqu'un essaye d'expliquer leur désarroi et de démontrer que ce sont des victimes, pour le contredire, on invite sur le plateau un ressortissant de ces banlieues qui a réussi, et on le met comme exemple pour ainsi démontrer que c'est de leur faute s'ils ne s'en sortent pas, puisque lui il a réussi juste par sa propre volonté. Toujours mettre la méritocratie pour tout justifier. Si quelqu'un veut expliquer que ces jeunes sont perdus et abandonnés de tous, car ils sont déscolarisés et sans possibilité de formation. On leur ressort que c'est de la faute des parents! Tandis que ces parents sont pour la plupart des mères monoparentales avec des horaires décalés et qu'elles ne peuvent pas s'occuper de leurs enfants car elles passent leur temps à nettoyer les bureaux et les chiottes de ces mêmes journalistes et politiciens!!

On ne cesse de nous dire que ces jeunes, bien que français, déteste la France et c'est pour cela qu'ils ne s'intègrent pas. Quand c'est très clair que c'est tout le contraire, ces jeunes français ne s'intègrent pas car c'est eux qui sont détestés par la France.

On les compare aux autres immigrés, comme les polonais, portugais, italiens ou espagnols qui eux se sont bien intégrés. Mais eux ont a fini par les accepter car ils sont blancs et catholiques, et non noirs où arabes et musulmans.

Un autre coupable pour les politiciens c'est les jeux vidéo, bien que la moyenne d'âge des joueurs n'est pas du tout l'adolescence, qui est le cas de la plupart des émeutiers, ou du moins l'âge des mis en examen. L'âge moyen des joueurs de jeux vidéo est de 39 ans. En plus, des études ont démontré plus de bénéfices que de danger apporté par ces jeux, sans compter l'argent que ça rapporte au gouvernement.

Mais personne dans ces médias ne met en cause la police, la formation des policiers, leur racisme, et les lois qui les protègent. Les syndicats des policiers ont la parole illimitée dans tous les médias, mais pas un seul jeune des banlieues a la parole.

Les médias et les politiciens de droite n'arrêtent pas de dire que ces populations immigrées ou issues de l'immigration détestent la France et ne veulent pas s'assimiler. Mais est-ce que c'est eux qui ne veulent pas s'assimiler, où c'est la population qui se dit de souche qui ne veut pas de ces gens qui viennent de culture et de religion différente ? Lorsque l'on vous fait vivre dans des banlieues où les services publics ont pratiquement disparus, que vos voisins viennent du monde entier, mais très peu de France, que l'on vous contrôle à chaque coin de rue à cause de votre couleur de peau, et en plus on s'adresse à vous sans aucun respect, que les études sont plus dure pour vous car vos parents n'ont pas le bagage nécessaire pour vous aider et que l'école ne fait rien pour vous soutenir en cas de décrochage, que votre adresse et votre nom vous empêche de trouver un travail ou un logement, est-ce que tout cela peut vraiment vous pousser à vous sentir français et à aimer la France? Je ne pense pas. Ça vous pousse plutôt à chercher votre identité dans vos origines, puisque c'est cette identité que les yeux des autres français voient en vous.

C'est les français, qui se disent de souche, qui doivent admettre que les identités ne sont pas figées, et accepter que l'on peut garder des coutumes et un respect à la culture de nos origines tout en aimant la France et en respectant sa culture et ses lois.

Les identités des peuples par région où par pays n'ont jamais été figées. La France, comme pays et culture, s'est formée par deux peuples, les Francs et les Gaulois, puis par une infinité de migrations, et continue à changer d'identité, si est-ce que l'on peut parler d'identité d'un pays. Un Français basque a moins de ressemblance avec un français alsacien qu'avec un basque espagnol, et l'alsacien français est plus proche d'un allemand de Bavière que d'un français Breton. Les frontières entre pays pour définir des peuples et des identités sont complètement absurdes, on peut les comprendre comme une démarcation administrative et peut-être politique mais c'est tout.

Les nationalistes ont inventé les nations et les identités nationales pour asseoir leur emprise sur un territoire, ce qui a provoqué d'innombrables guerres, et continue à les provoquer.

Il n'y a pas très longtemps encore on pouvait voyager et migrer ou l'on voulait, les passeports étaient inexistants, de même que les visas.

Les passeports ont existé dans des cas très particuliers dans l'histoire. Mais ce n'est que pendant la première guerre mondiale qu'ils se sont généralisés, pour contrôler et connaître les grands mouvements de population qui en ont résulté, et pour empêcher d'éviter l'enrôlement dans l'armée.

Ce n'est qu'après 1945 qu'une législation mondiale des passeports et visas s'est installée. Bien que le droit de quitter son pays ou d'y retourner est inscrit depuis 1948 dans les droits de l'homme, et signé par tous les pays de l'ONU, l'existence des visas et des passeports limite très fortement ce droit.

Les pays riches ont une peur bleue des immigrés, ils pensent qu'ils risquent d'être remplacés, eux et leur culture, par celle des migrants, les migrants venant de différentes cultures, et je ne vois pas trop comment ce serait possible. Les occidentaux eux, ont réussi des colonisations de remplacement par la force, mais je ne vois pas quel pays viendrait nous colonisés par la force, même dans un livre de sciences fictions c'est ridicule. Par contre nous savons tous que les pays occidentaux ont besoin de migrants, que c'est bénéfique pour notre économie, pour notre démographie et pour la paix mondiale. Si on abolit les visas et on laisse une libre circulation des gens entre pays, premièrement on éviterait tous les drames que vivent les migrants sur les chemins très dangereux que leur font prendre les passeurs, et deuxièmement ces mafias de passeurs disparaîtraient. Les migrants à peine arrivés pourraient commencer à travailler, participer à la vie sociale et économique. On leur enseignerait le français, il n'y aurait plus de camps de migrants, et ils ne seraient plus obligés de devenir délinquants pour survivre, ni d'être traumatisés à vie à cause de ce que leur ont a fait vivre.

L'Europe a d'ailleurs démontré que c'est par pur racisme qu'elle n'accepte pas certains migrants. Avec la guerre en Ukraine, elle a ouvert ses portes aux Ukrainiens et continue à les fermer pour les autres. Même des étudiants noirs qui se trouvaient en Ukraine ont été refoulé. Et les 7 millions d'Ukrainiens qui ont émigré n'ont bouleversé aucune société qui les a accueillis.

L'Europe avec ses démocraties libérales qui donnent des leçons au monde entier sur ses valeurs et sur le respect des droits de l'homme, continuent à tuer dès milliers de migrants dans la Méditerranée. Car c'est bien un meurtre que de ne laisser que ce chemin là, si dangereux, à des personnes qui ne cherchent qu'à fuir la mort assurée s'ils restent chez eux.

En travaillant ils pourraient envoyer de l'argent à leur proche et peut-être revenir chez eux pour y investir l'argent gagné. Les gens n'aiment pas partir de chez eux, s'ils partent c'est parce qu'ils n'ont plus le choix, et s'ils ont le choix d'y revenir ils reviendront, plutôt que de faire venir leur famille.

Une fois les frontières ouvertes les allées retour pourront se faire très simplement, ce qui bénéficiera aux emplois saisonniers. Pas besoin d'être réfugié politique puisque l'on a le droit d'habiter la région où l'on veut. D'ailleurs le statut de réfugié politique ou de migrant économique est très hypocrite. Si vous risquez de mourir d'une balle ou jeté en prison dans votre pays, vous avez le droit d'être accueilli, mais si vous risquez de mourir de faim, alors là, retournez y pour y crever.

Mourir de faim c'est de votre responsabilité pas de la nôtre.

Ceux qui sont contre l'ouverture des frontières donnent comme explication que cette ouverture provoquerait une immigration de masse vers les pays riches. C'est faux et c'est prouvé, lorsque l'Union européenne ouvre les frontières pour faire entrer un nouveau membre, il n'y a pas une augmentation significative des habitants d'un pays moins riche vers un pays plus riche. Les différences de salaire sont énormes à l'intérieur de l'UE (le salaire brut annuel moyen en équivalent temps plein (EQTP) dans les entreprises de dix salariés ou plus de l'industrie, de la construction et des services marchands varie de 8 800 € en Bulgarie à 63 300 € au Danemark) et pourtant il n'y a pas de ruée vers les pays qui payent le mieux. Aux US, qui est un état fédéral, avec d'énormes différences de salaire et de richesses , (La Californie, de loin l'Etat le plus riche des Etats-Unis, a ajouté une valeur de plus de 3.356 milliards de dollars au PIB national en 2021 et le Vermont 37 milliards) il n'y a pas non plus de mouvements de masse des populations d'un état pauvre vers un état riche.

Il existe parmi la population des pays occidentaux une peur et une anxiété de perdre un droit de supériorité envers le reste du monde, qui fait obstacle a une solution du conflit migratoire. Cette peur est véhiculée par les médias, on essaie d'inventer une identité nationale inexistante, une culture ancestrale immuable, et un passé toujours glorieux. On modifie même l'histoire pour ne pas reconnaître la partie ignoble de notre histoire. Les études sur le colonialisme et la décolonisation sont publiquement dénigrés et leurs auteurs traités de nouveaux racistes anti blanc.

On excuse nos crimes de colonisateurs en déclarant que l'on ne peut juger le passé avec les yeux d'aujourd'hui, comme si les droits de l'homme n'étaient valables que pour les contemporains. Mais par contre on se permet de critiquer les cultures étrangères avec des yeux d' occidentaux.

On veut que les femmes, les racises, et les LGBT se sentent comme les égaux des hommes blancs hétérosexuels, mais on fait tout pour les inférioriser.

La lutte contre le racisme a le même ennemi que la lutte pour les droits LGBT et que celle de la lutte contre les droits des femmes. C'est l'élite bourgeoise blanche des possédants. Ceux qui possèdent les moyens de production, les médias, les capitaux, la force policière, et le droit de dicter les règles.

Cette élite va se déclarer féministe, antiraciste et pour les droits LGBT, elle va même créer des lois en ce sens, va même utiliser ces lois pour démontrer au reste du monde, qu'elle, qui se dit démocrate et libérale, est supérieure aux autres.

Mais en même temps, grâce à son contrôle sur le système político médiatique, économique et policier, elle va maintenir les « racises », les femmes et les minorités sexuelles en dehors des classes supérieures dirigeantes.

La lutte ne doit donc pas se faire séparément, elle doit se faire contre l'ennemi commun, et pas en cherchant chacun de son côté quelques droits en plus.

Ce n'est pas avec de petites concessions données à chacun de son côté que le pouvoir va changer de système. Il faut une égalité des droits pour tous, indépendamment du sexe, de la race, du lieu de naissance, de la culture, et du milieu social ou l'ont est né. Il n'y a que deux antagonistes, l'élite possédante et le reste de la population, il faut n'en faire qu'un, un peuple avec les mêmes pouvoirs et les mêmes droits pour tous, mais pas seulement dans la constitution, sinon dans les faits. Par l'éducation.

L'ÉCOLOGIE

En 1866 Dans son ouvrage « Morphologie générale des organismes », Haeckel la désigne en ces termes : « la science des relations des organismes avec le monde environnant, c'est-à-dire, dans un sens large, la science des conditions d'existence »

L'écologie est une science, tout comme la biologie, la chimie, la physique etc.
Et selon moi elle devrait le rester. Mais lorsqu'on la nomme elle se confond avec une écologie politique, et elle devient une idéologie. On ne dit pas écologie politique, on dit simplement écologie, ce qui fait que maintenant on confond une science avec une idéologie, ce qui n'est pas bon du tout pour cette science. Lorsque un biologiste sort une étude qui est validée par ses collègues, ses conclusions sont acceptées par le public en général, car il s'agit d'un scientifique. Lorsque un écologiste en sort une, ses conclusions ne sont pas

prises comme un fait scientifique mais comme une opinion idéologique, et cela par le public en général.

Pendant l'épidémie du Covid, les autorités ont obéi aux spécialistes épidémiologistes, aux médecins et aux infectiologues pour prendre des mesures de prévention et de guérison, et cela en priorité sur l'économie et la politique.

Il existe pourtant des écologistes, de vrais scientifiques, qui font des recherches, et qui peuvent nous dire les effets que provoque sur une espèce vivante un changement de son milieu, soit-il naturel ou provoqué par l'homme. Ils peuvent faire des études sur les effets sur la biodiversité des nouveaux produits fabriqués par l'homme, sur l'impact de l'agriculture et de ses sous produits sur tous les écosystèmes, et de ce qu'il faut faire pour éviter les effets négatifs de notre civilisation sur notre milieu vital.

Alors pourquoi, si la préservation de notre écosystème nous est aussi vital que la lutte contre une épidémie mortelle, on ne fait pas de même avec les opinions des scientifiques écologistes qu'avec les scientifiques épidémiologistes? Et que l'on donne priorité à leur opinion plutôt qu'à celles des économistes et des politiques. C'est parce que l'on prend l'écologie pour une idéologie!

Le problème c'est que notre système s'en fout du temps long, toutes les décisions, soient-elles économiques politiques ou sociales, sont prises pour chercher des résultats sur le temps court.

Pour le Covid on a pris des décisions sous le conseil des scientifiques, parce que les morgues et les hôpitaux se remplissaient de morts et de malades.

Mais l'écologie a son propre temps. Le réchauffement climatique se fait déjà sentir dans le monde, mais les pays et les personnes qui y ont le plus participé à ce réchauffement et continuent à y participer , ne ressentent pas encore l'urgence dans leur peau.

Des incendies spectaculaires ont bien consumé plusieurs hectares dernièrement dans ces pays, mais les dégâts ne touchent que quelques habitants et les dégâts matériels ne représentent pas grande chose sur le total de leur PIB. Ils sont également assez riches pour pouvoir supporter les canicules de plus en plus nombreuses, avec des appareils réfrigérant qui d'ailleurs font augmenter le réchauffement. Donc ils ne ressentent pas l'urgence comme lors du Covid.

La mentalité capitaliste, qui dure depuis des siècles, de produire toujours plus, pour consommer toujours davantage, pour engendrer des bénéfices de plus en plus stratosphériques, a provoqué des changements dans l'écosystème terrestre qui sont irréversibles et qui en plus s'accélèrent.

Mais qu'est-ce que l'on propose? Arrêter ou diminuer les énergies fossiles, diminuer les émissions de CO_2, augmenter les énergies renouvelables, diminuer les pesticides et autres produits chimiques de l'agriculture intensive, privilégier les circuits courts, manger Bio, ne pas manger de viande, adiminuer le plastique, ne pas prendre l'avion etc.

Et pendant que l'on propose tout cela et on fait des Cop avec des superbes discours,
La consommation de pétrole continue d'augmenter, **102 millions de barils par jour!!!!**

Mais personne dit, ou très très peu, qu'il faut arrêter le capitalisme et créer un nouveau système économique, politique et social, qui n'ait pas besoin de croissance et qui soit juste et égalitaire.
Tant que nos efforts seront juste d'essayer de changer le type d'énergie, notre façon de manger, notre façon de se déplacer, de s'habiller, de recycler etc. Nous n'arriverons à rien.
Notre système économique a besoin de croissance, il faut alimenter une augmentation des prix et de la production pour ne pas s'appauvrir à cause des intérêts et de l'inflation, et l'alimenter davantage si on veut en plus s'enrichir.
Un taux de croissance de 3% du PIB, est qualifié par les économistes de rythme de croissance
« stationnaire ». Mais ce rythme de croissance implique un dédoublement de l'économie tous les 24 ans!! Ce qui signifie dédoublement de la consommations des ressources.
Donc même si on change de type d'énergie, il nous en faudra toujours plus. Et aucun type d'énergie n'est libre de production de CO2 ou de contaminer.
Pour en finir avec les énergies fossiles, il va falloir extraire d'énormes quantités de métaux rares, ce qui est très polluants. Et les habitants des pays riches ne vont pas vouloir de cette contamination chez eux, donc les pays pauvres souffriront davantage de pollution.

On va vers le tout électrique, donc vers un besoin de plus en plus grand de batteries très polluantes, de besoin de métaux comme le cuivre pour transporter l'électricité, de lithium, dont l'extraction est également très polluante. Les éoliennes utilisent également des produits polluants dans leur fabrication, comme les résines et les epoxi, d'ailleurs ce sont des produits dérivés du pétrole. Le bois nécessaire pour les pales, le Basa, est surexploité, surtout en Équateur pour le malheur des indiens de l'Amazonie.

Les panneaux solaires sont moins polluants puisque leur composant principal c'est le silicium, fait avec du quartz très abondant sur terre, mais le produire demande beaucoup d'énergie.

On veut fabriquer des carburants non fossiles, avec du bioéthanol et des produits synthétiques, mais comment faire de l'agriculture pour les biocarburants sans faire de l'agriculture intensive?

Pour éviter les émissions de CO_2, on risque de créer d'autres dégâts à la planète, extraction de métaux et autres éléments non renouvelables et très contaminants, émissions d'autres gaz que le CO_2, mais également à effet de serre, comme le méthane produit par les zone inondées dans les barrages, la culture du riz, l'élevage bovin et la fermentation de produits organique. Ou les CFC utilisés dans le refroidissement, comme les réfrigérateurs, congélateurs ou air conditionné, domestique ou industriel, de plus en plus utilisé à cause du réchauffement climatique.

En plus on a le gros problème de l'eau, toutes les nouvelles technologies sont très consommatrices de cette ressource qui devient de plus en plus rare sous sa forme potable. La fabrication des puces nécessaires à la production des nouveaux appareils utilisés dans le numérique et dans la transition écologiste, nécessite une grande quantité d'eau de très haute qualité. Les barrages hydrauliques nécessaires aux énergies renouvelables provoquent déjà des problèmes de gestion de l'eau entre pays et communautés et ont de plus en plus de mal à se remplir à cause de la sécheresse. Les réacteurs nucléaires, bien qu'ils rejettent la plupart de l'eau qu'ils utilisent pour le refroidissement, doivent diminuer leur capacité de production dû à la baisse du niveau des cours d'eau et à la température élevée de cette eau.

Le réchauffement climatique, en diminuant notre accès à l'eau, va empêcher, ou au moins diminuer notre transition énergétique vers moins de CO_2.

L'accès à l'eau, et la répartition de cette ressource, dont personne ne peut s'en passer, va provoquer des guerres entre classes sociales, communautés, pays etc. et faire passer la transition énergétique au deuxième plan, ce qui va encore aggraver le réchauffement climatique.

On ne peut pas lutter contre cette catastrophe climatique qui s'abat sur toute la planète à cause de l'humanité, ou plutôt d'une partie de l'humanité, sans une collaboration universelle.

On ne peut pas mesurer le bilan carbone de chaque pays séparément, car la consommation d'un pays influence la production dans un autre pays. La responsabilité de chaque pays dans le réchauffement ne doit pas être mesurée sur sa production de CO2 actuelle, mais dans celle produite pendant toute son histoire.

Ces pays, responsables donc de la situation actuelle, doivent prendre en charge financièrement et technologiquement la totalité de la transition énergétique de la planète, et non juste de parler de prêt financier pour les pays en développement.

C'est une saloperie que de proposer de juste geler la dette des pays en développement lorsqu'ils sont victimes d'une catastrophe naturelle. Cette dette devrait être annulée comme si c'était une indemnisation faite aux pays pauvres par les pays riches qui sont les pollueurs historiques.

Il faut d'une fois pour toute comprendre que le réchauffement climatique n'est pas la maladie, c'est juste un symptôme, comme la fièvre. La maladie c'est la surproduction de produits et l'exploitation des ressources naturelles non renouvelables. Elle est dû au système capitaliste de l'économie qui pour exister nécessite de cette production.

On ne pourra pas guérir de cette maladie en attaquant juste le symptôme en changeant notre source d'énergie, il faut vaincre le mal en arrêtant cette surproduction. Si on a de la fièvre à cause d'une infection, il ne suffit pas de donner du paracetamol, il faut donner des antibiotiques et une fois l'infection fini la fièvre disparaît. Un exemple, on peut techniquement faire des machines à laver qui pourraient durer

Vingt ans et plus. Avec peut-être juste un petit peu plus de main d'œuvre et une meilleure qualité, mais on en vendrait beaucoup moins et même si le prix serait plus élevé, les bénéfices chuteraient et les emplois également. Et c'est la même situation pour tous nos équipements. Mais on ne peut pas le faire à cause du système capitaliste qui a besoin de l'obsolescence programmée.

On peut faire ce que l'on veut, demander à toute la population de changer leur type de vie, de devenir plus sobre, de recycler davantage, de manger différemment, et leur faire croire que si l'on s'y mets tous on va éviter le changement climatique, comme le fait l'association Colibri, mais ça ne changera rien et la surconsommation continuera. On culpabilise l'individu, comme l'a fait Coca Cola lorsqu' on l'a critiquée pour ses bouteilles en plastique trouvées sur les plages, elle nous a dit que c'est nous qui jetions les bouteilles au lieu de les recycler, pas elle. Ce n'est pas les individus par leur simple style de vie et de consommation qui peuvent changer quoi que ce soit.

L'individu ne peut pas être un spécialiste en chimie, en biologie, en physique, en écologie etc. Pour savoir quel produit pollue, lequel créait des gaz à effet de serre, lequel est toxique, et quoi acheter pour être écolo etc. C'est au écologiste, les vrais, les scientifiques, de dire aux autorités quoi interdire et quoi privilégier. Mais surtout ne pas écouter les économistes et politiciens qui donneront toujours d'autres raisons pour continuer à produire, des raisons purement économiques en les justifiant de nécessaires pour le bien de la société. C'est les lobbys qui dirigent la transition écologique actuellement, pas les écologistes.

Le monde veut faire appel aux investisseurs pour financer la transition énergétique car les états sont trop endettés. La dette mondiale était de 247,000 milliards de dollars en 2018, et la charge de la dette des pays pauvres a doublé depuis 2010.

Mais les investisseurs n'ont rien à foutre de l'écologie et du bien-être de la planète, ils ne sont intéressés qu'aux profits. Faire de l'écologie un business est un non sens, la nature ne suit pas une logique capitaliste et financière, elle suit un équilibre de coopération, de compétition et de symbiose entre les différents écosystèmes de la planète. L'épargne mondiale des particuliers a dépassé fin 2020 les 200,000 milliards de dollars placés en actifs financiers, c'est-à-dire de la pure spéculation. 2500 milliards de dollars par jour, change de mains dans le marché spéculatif des monnaies. Donc de l'argent il y en a suffisamment pour investir dans l'écologie sans sacrifier quoi que ce soit. Mais ceux qui possèdent cette manne financière, et eux ne seront sûrement pas les plus affectés par le réchauffement, n'ont aucune éthique morale ni d'empathie pour leur prochain.

Pour lutter contre le Covid, le monde a investi 28,000 milliards de dollars. Dans les accords de Paris on avait décidé de débloquer 100 milliards par an pour aider les pays en développement à s'adapter au réchauffement climatique, on les attend toujours. Pourquoi ce manque d'intérêt si la gravité du changement climatique n'est plus à démontrer?

Parce que pour le Covid, les morts étaient là, bien en vue, et que les élites pouvaient également mourir. Mais pour le changement climatique l'élite peut très bien se protéger, elle a toute la mobilité qu'elle veut et les moyens techniques pour faire face aux dangers du réchauffement climatique pour elle seule. Et elle n'a aucune envie de sacrifier son pouvoir et sa richesse pour sauver les autres. Si on arrive, grâce à la technologie, à les sauver tant mieux, sinon tant pis pour eux.

Comme pour les autres combats de l'humanité comme le sont, le féminisme, le racisme, la pauvreté, le droit des LGBT, la solution pour l'écologie c'est le changement du système politique et économique actuel partout dans le monde.
C'est surtout dans l'éducation scolaire que l'on peut faire de nouveaux citoyens respectueux de l'écologie, de la femme et des autres.
Il est urgent de rendre obligatoire des cours de cuisine à l'école, à tous les niveaux.
Les enfants depuis leur plus jeune âge devraient commencer à connaître les différents produits comestibles. Leur apprendre au fur et à mesure comment on les obtient, leur qualité nutritionnelle, leur effet sur l'écologie et notre santé. Et surtout comment les cuisiner pour qu' ils soient tous capables de s'alimenter sainement tout en se faisant plaisir. Profiter de l'art de la gastronomie pour préparer un repas tous ensemble pour enseigner la coopération et le partage du résultat de notre travail en commun.
Il est bien plus important de savoir se nourrir que d'écrire sans faute d'orthographe.

LE NATIONALISME

Voici le principal ennemi que l'humanité doit vaincre pour pouvoir changer de cap et arrêter sa course folle vers la catastrophe.

Une nation est un lieu où un groupe d'individus culturellement proche est né. D'où l'énorme variété de nations ou peuples qui existent ou ont existé. Cela ne signifie pas que l'endroit où se trouve cette nation est délimitée en superficie où que sa culture est figée dans le temps. Les caractéristiques de cette nation évoluent sans arrêt.
Des conquêtes, des migrations, des guerres où des changements climatiques et de ressources vont les modifier dans le temps.
Mais depuis le XIX siècle on a voulu figer ces nations dans l'espace, le temps et l'histoire, d'une façon complètement artificielle. Les nationalistes ont créé les états nation.

Le colonialisme a créé des états nations avec des frontières décidées par les colonisateurs. Les pays D'Afrique en 1891, lors de la conférence de Berlin, ont été divisés arbitrairement, et des peuples se sont retrouvés divisés par une frontière, et d'autres culturellement différents, se sont trouvés dans le même état nation. L'Amérique Latine lors de son indépendance a été également divisée en États Nation. D'autres pays se sont construits par la conquête, le vol, ou l'achat de territoires, comme les États Unis.

La fin des empires ont également produit une infinité d'états nation. La disolución de l'empire Ottoman a donné , entre autres, a la création de la Turquie, de la Syrie, de l'Irak, de la Palestine. La fin de l'empire Austro Hongrois à l'Autriche, la Hongrie, la Tchécoslovaquie et autres. La fin de l'empire Russe, aux pays Baltes, la Finlande, la Pologne, la Slovaquie et autres.
Les colonies d'Asie, lors de leur indépendance, ont également produit la plupart des états nations que l'on connaît actuellement dans la zone.

Après l'éclatement des empires, certains pays se sont unis en un seul pays multinational, comme ce fut la Tchécoslovaquie (tchèque et slovaque), la Yougoslavie (qui regroupait les actuels pays de Slovénie, Croatie, Bosnie-Herzégovine, Monténégro, Serbie, Macédoine du Nord) et l'URSS (Union des Républiques Soviétiques Socialistes, 15 républiques Soviétiques Socialistes, elles même subdivisées en République Autonomes ou Districts Autonomes, 100 ethnies ou nations composent cet État Nation.)

Ces derniers pays multinationaux avaient des gouvernements communistes. Lors de l'éclatement de la Yougoslavie, puis ensuite de l'URSS, plusieurs des nations qui composaient ces pays ont déclaré leur indépendance.
Et ces peuples qui avaient vécu ensemble en paix entre eux pendant des générations, qui avaient lutté ensemble sous le même drapeau pendant la guerre, qui avaient également participé sous le même drapeau à

des compétitions internationales comme les jeux olympiques et les championnats du monde, se sont retrouvés du jour au lendemain en compétition entre eux et très souvent en ennemi.
Plusieurs guerres ont d'ailleurs éclaté à nouveau à cause de ces nationalistes.

Les défenseurs des frontières disent qu'une frontière est un signe de paix parce qu'elle définit une ligne de partage de deux territoires où deux pays qui se sont mis d'accord pour la déterminer. C'est complètement idiot, c'est comme si on disait qu'un divorce est un signe d'amour parce que deux personnes se sont mit d'accord pour le signer. Un mariage est un signe d'amour. Effacer une frontière est un signe de paix.

Avant les états nations la règle était plutôt aux empires. Ceux-ci étaient composés de plusieurs peuples ou nations, qui vivaient sous la domination d'un pouvoir qui provenait d'une seule nation ou peuple dominant. Les guerres se faisaient entre empires, mais à l'intérieur de chaque empire les peuples vivaient en général en paix puisqu'ils n'avaient pas de raison de soumettre à leur pouvoir l'autre peuple, puisque ce pouvoir n'existait pas. Il pouvait tout au plus avoir une rébellion contre le pouvoir central de l'empire. Ces peuples ont des cultures différentes, parfois des religions différentes, mais s'influencent mutuellement, se mélangent et font histoire ensemble.
Lorsque le monde au XIX siècle se divise en états nation, chaque pays doit se forger une identité propre pour faire monter chez leur citoyen un désir

d'appartenance au pays, et forger un sentiment patriotique qui provoque indirectement un sentiment de supériorité envers les autres pays.

Comme je l'ai déjà mentionné auparavant, dans chaque état nation il se trouve parfois des peuples différents et un même peuple se trouve parfois divisé entre deux ou plusieurs pays, comme les mayas qui se retrouvent au Mexique, au Guatemala ou au Belize, ou les Kurdes qui se retrouvent en Turquie, en Syrie, en Irak où en Iran.

Donc pour faire une seule Patrie à laquelle s'identifier, on va se créer une histoire commune, suite à inventer un peu, avec des héros nationaux inventés de toutes pièces ou en exagérant, on va créer un drapeau et un hymne qui nous représentera. Puis dans les écoles on va bien répéter cette belle histoire dans notre langue officielle, chanter sous le drapeau notre hymne national si c'est possible tous les jours et surtout montrer que notre pays est, et a toujours été du bon côté de l'histoire et possède les plus belles valeurs de l'univers.

Un exemple est l'invention du peuple et du territoire d'Israël, on a inventé d'une religion, un peuple, soit une ethnie, bien qu'un juif séfarade n'ait rien à voir ethniquement avec un juif ashkénaze. Puisque tous les juifs ne parlaient pas une même langue, on a fait d'une langue morte, l'hébreu, la langue nationale. Et on a créé des frontières d'une nation à l'intérieur d'une autre nation déjà existante, avec des informations sorties d'un livre religieux et non historique. (voir les livres de l' israélien Shlomo Sand « comment on a inventé le peuple juif » et « comment on a inventé Israël »)

On va donc soit disant créer une identité propre qui est particulière à chaque pays.
Toutes ces inventions nationalistes vont diviser de plus en plus l'humanité.
La deuxième guerre mondiale est le résultat de ce nationalisme. Et toutes ces guerres depuis l'implosion de la Yougoslavie et de L'URSS, le sont également .

Ce nationalisme est tellement ridicule qu'il n'a aucun fondement. Chaque pays se décrit comme une entité immuable qui a toujours existé et a une identité et culture propre, mais aucun pays a gardé ses frontières originales iníciales, elles ont toujours été modifiées par des guerres et des traités. Ce qui provoque des changements culturels et linguistiques à l'intérieur d'un même pays. Surtout dans les pays d'Europe centrale qui sont d'ailleurs des pays très nationalistes. Les frontières actuelles de l'Europe n'ont même pas 30 ans.
 Un exemple: l'Ukraine qui veut s'émanciper historiquement de la Russie, et dont les nationalistes parlent d'une Ukraine composée d'un seul peuple avec une histoire et un territoire commun, doit ses frontières et sa superficie actuelle à cette même Russie et à Staline que les nationalistes détestent tant. A la fin de la deuxième guerre mondiale. La Pologne a été décalée vers l'ouest, elle a absorbé des territoires allemands et cédé des provinces à l'Ukraine par décision de Staline, puis en 1954 Kroutchev lui fait cadeau de la Crimée. Donc des frontières, sans aucune justification historique ancestrale ou ethnique, servent maintenant d'excuses à une guerre qui fait des centaines de milliers de morts et qui peut déraper en troisième guerre mondiale.

Le gros problème c'est que le nationalisme est en forte augmentation dans le monde, surtout dans les démocraties dites libérales. Deux pays traditionnellement sociaux démocrates comme la Suède et la Finlande viennent de virer à l'extrême droite.
Cela est dû à deux principales raisons.
La première c'est la propagande anticommuniste et révisionniste de l'histoire, depuis la fin de l'URSS, les médias occidentaux n'ont cessé de parler d'un triomphe du capitalisme libéral contre le communisme. Sans jamais expliquer bien sûr que le système politique et économique de l'URSS n'était pas du communisme et que la guerre froide n'était pas un concours entre système politique ou économique. C'était une guerre de pouvoir et d'influence, que les USA ont gagné grâce à la planche à billets du dollar, l'URSS c'est ruiné en essayant de suivre le budget de l'armement américain, et des réformes hasardeuses on fait le reste. Depuis, le communisme est assimilé au Nazisme, et Staline à Hitler. Pour justifier cela, on met en avant le Pacte germano-soviétique, officiellement traité de non-agression entre l'Allemagne et l'Union soviétique. Bien sûr en occultant qu'il fait suite aux accords de Munich de 1938 entre Hitler et les pays occidentaux, menant au démantèlement de la Tchécoslovaquie, et à l'échec des négociations soviéto-occidentales en vue d'une éventuelle alliance contre l'Allemagne nazie. Ce qui oblige Staline à signer ce pacte pour retarder l'invasion de l'Allemagne déjà annoncée par Hitler dans son livre Mein Kampf. On oublie aussi le traité de coopération signé le 12 décembre 1938 entre la France et

l'Allemagne nazie. Historiquement on oublie que c'est le sacrifice de plus de 25 millions de soviétiques qui a sauvé les démocraties libérales du danger du nazisme et libéré les camps de concentration.

Le communisme et l'URSS sont réduits aux Goulags, à la dictature et à la répression. Les idées de Marx, Lénine et Trotsky sont réduites, au mieux à des Utopies et au pire à une idéologie d'assassins.

On oublie l'éducation, la santé, le travail, et le logement pour tous, le droit des femmes à l'avortement et au travail, la culture et le sport.

Donc la deuxième raison, c'est ; qu'est-ce qui reste aux électeurs comme choix pour voter? Les médias leur disent de voter pour les élites, mais les gens commencent en avoir raz le bol de leur situation, ils ne veulent plus voter pour la droite dite républicaine, qui appartient à l'élite, ni au centre, ni à cette gauche dite républicaine ou de gouvernement, qui appartient également à l'élite et qui ont déjà gouvernés.

Voter pour la vraie gauche ? Ce n'est pas possible puisqu'on nous a dit que c'est une utopie assassine, et que certains pays ont déjà essayé, et que ça c'est terminé en drame. Qu'est-ce qui leur reste? Le nationalisme d'extrême-droite.

Donc augmentation du racisme, de la répression, de la peur de l'étranger, de la violences faites aux minorités ethniques et religieuses.

Bien que les élus nationalistes se disent contraire aux traités supranationaux, puisqu'ils prônent une indépendance totale, comme le sont les traités de l'Union Européenne, une fois élus, ils se présentent au Conseil Européen pour bien s'aligner sur les règles de l'UE pour ne pas avoir de problème financier et pouvoir recevoir des subventions et des prêts. Donc pour les autres démocraties, il n'existe aucun problème avec des gouvernements d'extrême-droite nationalistes tant qu'ils continuent une politique d'économie libérale, même s'ils ne respectent pas les droits de l'homme.

Le nationalisme empêche toute coopération entre pays pour lutter pour le bien de l'humanité, puisque c'est une idéologie qui, non seulement place en premier les intérêts d'un seul pays, mais qui interdit tout sacrifice ou effort pour le bien de tous. Qui prône la compétition au lieu de la coopération.

Les nationalistes n'acceptent pas et n'accepteront jamais de se soumettre à des règlements et des lois supranationales qui ne leur conviennent pas même si elles sont nécessaires pour la communauté internationale, on le voit déjà dans l'UE.

Et tous les problèmes dont souffre notre planète et l'humanité, comme ce sont l'économie, la démocratie, l'écologie, la pauvreté, la migration, le racisme, le sexisme ne pourront jamais se régler nationalement. Tout ce que j'ai proposé auparavant ne peut se faire au niveau national. Peut-être le système démocratique des élections au tirage au sort, avec droit de révocation à la majorité simple, pourrait se faire. Mais plusieurs des réformes et des lois que l'assemblée nationale votera ne pourront pas se mettre en place, car pour être efficaces elles devront être communes aux autres pays. Comme les lois sur l'écologie, la monnaie, l'économie, la fiscalité, la migration etc.

Et surtout réussir la fin du système capitaliste productiviste et consumériste qui doit être effectif sur toute la planète. De même que la fin de la domination de l'élite des riches sur toute la société.

LES TECHNOLOGIES

Beaucoup de débats surgissent sur les bienfaits où les dangers des technologies, ou du progrès technologique. Bien avant Homo Sapiens, l'homme a créé des outils pour améliorer sa qualité de vie, que l'on peut appeler technologie primitive. Une lame taillée dans la pierre, utilisée pour découper un gibier, donc un bienfait, pouvait également être utilisée pour tuer son voisin, donc un danger. Un marteau inventé pour clouer, peut très bien servir pour fracasser le crâne de son enfant. Donc ce n'est pas les technologies qui sont en soit bonne ou mauvaise, mais l'usage que l'on en fait.

Mais est-ce que pour cela on doit toujours chercher à construire de nouvelles technologies toujours plus performantes? Non je ne le crois pas du tout. Toutes les nouvelles technologies impliquent une nouvelle consommation de matières premières, donc il faut faire une analyse sur les bienfaits qu'elle apporte et son coût écologique, social et économique avant de lancer sa production, et l'autorisation de sa fabrication doit venir de la communauté et pas d'une initiative privée. Ensuite, avant de continuer à faire des progrès sur les technologies, il faut les démocratiser. C'est surtout important dans les médicaments. Les grands laboratoires dépensent des fortunes sur la recherche de nouveaux médicaments pour certaines maladies que seuls les riches vont pouvoir en bénéficier, tandis que des millions de personnes continuent de mourir de maladies éradiquées dans les pays riches mais pas partout dans le monde.

Un secteur technologique qui fait beaucoup parler de lui et dont l'utilité n'est pas discuté, mais qui selon moi devait l'être, c'est les technologies de l'espace. Je ne discute pas l'intérêt de certains satellites autour de la terre. Comme ce sont les satellites de communication, d' observations du climat, d'observation de la terre, d'études des océans et de l'atmosphère etc.
Mais permettre à des entreprises privées d'envoyer des milliers de satellites pour être en concurrence entre elles pour vendre leurs services internet, au lieu de partager les satellites, c'est du gâchis. On ne peut pas privatiser l'espace. La concurrence fait que l'on multiplie la fabrication d' objets, ce qui provoque plus de consommation de matières premières inutilement.
Mais ce que je trouve grave, c'est la quantité d'argent et d'effort technologique, dépensé dans l'exploration spatiale. Installer des télescopes sur terre ou les envoyer dans l'espace autour de celle-ci pour observer l'univers, bien sûr que je suis d'accord. Les connaissances de l'univers sont importantes.
Mais envoyer des robots pour explorer la planète Mars pour savoir s'il y a eu de la vie, me semble ridicule. Dépenser des fortunes pour résoudre cette question, lorsque l'on connaît moins de 40% de la vie dans les océans, est un autre gâchis. Une meilleure connaissance des océans est primordial pour résoudre

la problématique des effets sur la planète de notre existence sur terre, bien plus que de savoir s'il y a eu une vie sur mars, sans parler de l'immoralité que c'est d'envoyer quelqu'un dans l'espace lorsque l'on crève encore de faim sur terre.

La recherche doit continuer, surtout la recherche fondamentale car c'est elle qui va nous apporter les connaissances sur la matière et la vie qui nous entourent.
Et ces connaissances doivent s'appliquer pour produire des technologies dont on a besoin pour améliorer notre production de biens nécessaires à ce que toute l'humanité vive mieux, mais sans porter préjudice à toutes les espèces végétales et animales qui vivent avec nous sur terre.
Il faut surtout éviter d'appliquer les résultats de la recherche à des technologies qui apportent seulement à quelques-uns un confort superflu, mais qui dégradent l'environnement par la consommation d'énergie et de matières premières. Par exemple, la technologie 5G ou la future 6G, doivent être exclusivement misent aux services de professionnels qui en ont besoin comme les hôpitaux, les transports où autres services. Mais pas pour une utilisation de loisirs privatifs pour des particuliers qui veulent télécharger des films plus rapidement. La liberté d'entreprendre doit être limitée. Les ressources de la planète n'appartiennent à personne, on ne peut pas laisser à des entrepreneurs les utiliser pour fabriquer n'importe quoi d'inutile, et pousser à sa consommation, juste pour s'enrichir.

Je suis pour un contrôle et un permis de production de toutes sortes d'objets mis en vente sur le marché public, de la même façon que l'on fait pour les médicaments. Vérifier ce que chaque objet consomme d'énergie et de matières premières pour sa fabrication et vérifier son utilité. Celle-ci peut très bien être seulement décorative, artistique ou récréative. Mais il doit y avoir un bilan positif net entre les coûts écologiques et les bénéfices apportés.

Sur tous les objets et technologies numériques il faut faire la même chose.

Les réseaux sociaux, qui nous ont permis une communication mondiale instantanée et quasi illimitée, sont très critiqués à cause de leurs dérives. Ceux-ci, pour se financer, car n'oublions pas qu'ils ont tous commencé sans gagner un sous, ont créé des logarithmes pour prélever nos informations personnelles, celles-ci sont ensuite monnayées pour cibler des publicités. Mais des algorithmes servent également à vous forcer à rester connecter sur le réseau. D'autres servent à propager des fake News, car plus l'information est surprenante plus elle est partagée, sans parler de l'effet que la recherche des likes fait sur l'auto estime de l'utilisateur.

Dans le cas du numérique il faudrait donc également avoir une autorisation de mise sur le marché d'un nouveau algorithme. Des experts devraient vérifier la toxicité de chaque algorithme comme dans le cas d'un médicament.

Je sais que l'on va crier à la dictature et à des règles liberticides, mais je le répète, mieux vaut une liberté réglementée qu'une liberté limitée aux plus forts.

On parle beaucoup d'intelligence artificielle et les avantages qu'elle va nous apporter mais également de ses dégâts. Comme presque toutes les technologies inventées par l'homme, les bénéfices qu'elle apporte dépendent de son usage. Un marteau sert à clouer des clous, mais peut aussi servir à fracasser le crâne de votre enfant, comme je le disais auparavant. Ici aussi il faut que la communauté décide quel programme d'intelligence artificielle on veut et où l'utiliser. On a des logiciels pour calculer, pourquoi pas pour écrire. Je ne vois aucun mal à ce que l'intelligence artificielle aide la médecine à diagnostiquer où les juges à juger , la ou la corruption peut influencer une décision de justice, une IA serait plus impartiale. Dans la recherche de la fraude fiscale, une IA serait très utile. Mais ce programme de IA ne risque pas de trouver des investisseurs pour le développer. D'où l'importance que ce soit la communauté qui décide de quel type d' IA on développe.

Il faut à tout prix que l'on arrête cette surproduction planétaire. Dans l'alimentaire, bien que des millions d'habitants ne mangent pas à leur faim, il y a une surproduction de plusieurs aliments et énormément de déchets. Plus de 30% des aliments produits finissent à la poubelle. Dans l'habillement c'est pareil, 79 milliard de m3 d'eau sont utilisés pour produire les tissus utilisés pour nous habiller, la mode représente 20% de la pollution mondiale, 35% des microplastiques. Seulement 1% est recyclé en vêtements neufs, 87% est incinéré, on a 20% de déchets à la conception du vêtement. Et tout cela pour que l' on porte seulement 12% par an de ce que l'on possède dans notre garde robe!! Sans compter la destruction de vêtements neufs qui ont été retournés ou invendus.

Juste pour ces deux secteurs les déchets sont énormes, mais le capitalisme s'en fout, et on continue à chercher et à produire de nouvelles technologies pour produire davantage, rien que dans l'habillement la production en 2010 de vêtements était de 109 millions de tonnes et elle va passer à 145 millions de tonnes en 2030. Tous les secteurs de l'économie sont dans le même cas, d'une très forte augmentation de la production et des déchets. On est très loin d'une décroissance.

Certains disent qu'il va falloir augmenter la production pour nourrir la population qui risque d'être de 10 milliards d'habitants d'ici à 2050, c'est-à-dire 25% de plus.

Mais c'est faux, il suffirait de la même production mais sans les 30% de déchets pour les nourrir. Il ne faut pas augmenter la production de quoi que ce soit, on doit éviter les déchets et répartir plus équitablement nos produits.

Nous devons être sûrs qu'aucun habitant manque de nourriture, d'eau potable, d'électricité, de vêtements, d'habitation, de services de santé et que personne ne souffre de froid ou de chaleur.

Et une fois toutes ces exigences remplies, on pourra décider si l'on peut produire davantage ou développer de nouvelles technologies, sans mettre en danger l'écologie de la planète, pour améliorer notre qualité de vie.

CONCLUSION

On pourra dire que tout ce que je propose ne sont que des utopies impossibles à mettre en place. C'est peut être vrai, mais ce n'est qu'un peut-être, tandis que si l'on continue dans la même voie, c'est-à-dire juste essayer d' utiliser davantage d'énergie renouvelables, et changer de mode de vie, sans mettre à plat notre système économique capitaliste et notre système politique libéral, ce n'est plus un peut être mais une certitude de catastrophe écologique, sociale et économique que l'on va obtenir.

La situation actuelle est extrêmement préoccupante sur tous les plans. Sur l'écologie, la vraie, pas la politique, c'est la ligne droite vers la fin. Pas de la planète, elle nous survivra, mais de millions d'espèces qui l'habitent, et entre elles Homo sapiens.
Au lieu de s'améliorer, la situation, depuis que l'on a pris conscience du danger du réchauffement, ne s'améliore pas, ni ne se stabilise, elle empire. On produit toujours plus, les sources d'énergie renouvelables augmentent bien sûr, mais les énergies fossiles aussi. Les extractions de minéraux également. Les dirigeants se croient à l'abri et tant pis pour les autres. La technologie va les sauver.

La consommation d'eau potable dans l'industrie et dans l'agriculture augmente, mais l'accès à cette eau, vitale pour les habitants, diminue partout dans le monde. On veut rendre responsables de la situation les individus à cause de leur consommation, mais on ne veut pas légiférer pour ne pas entraver l'entreprenariat. Les jeunes qui veulent alerter sur l'urgence sont traités comme des criminels et grâce à la force policière sont réprimés. Les médias se chargent ensuite de les placer dans le camp des dés adaptés, qui ne comprennent pas le fonctionnement d'une société telle que la nôtre, et qu'ils ne font que poursuivre une idéologie, leur niant tout rapport avec ce que les scientifiques disent.

En politique, comme je l'expliquais déjà plus haut, les démocraties libérales virent à droite voir à l'extrême droite. La véritable gauche, que l'on appelle extrême gauche est taxée d'idéologie totalitaire qui a emmené dans le monde misère, meurtres et tragédies. Donc non envisageable pour ceux qui croient au vote. La gauche républicaine, où de gouvernement comme on l'appelle aussi, a démontré que des idéologies de gauche elle n'a plus rien et a abandonné les classes populaires, donc personne ne vote pour elle. Les sociaux-démocrates ont encore le vote d'une partie de la classe moyenne, composée de cadres qui font partie des gagnants dans le système actuel. La droite, dite républicaine, possède l'appui de la plupart des médias, puisque ceux-ci sont entre les mains de millionnaires. Elle représente le vote des gagnants réactionnaires pro business. L'extrême droite se dédiabolise de plus en plus avec l'aide des médias en déformant l'histoire, et profite de la crise migratoire pour propager la haine contre l'étranger, qui la plupart du temps est un ancien colonisé, et le rend fautif de tous les problèmes du pays. Celle-ci profite du désarroi des classes populaires qui n'ont plus d'options à gauche, puisqu' on leur a dit que la véritable gauche ne peut pas marcher, et reçoit le vote des classes populaires, au moins de celles qui continuent de voter. Résultat, la classe gagnante réactionnaire s'unît a l'extrême droite partout dans le monde pour gagner les élections. Cette situation provoque l'augmentation du nationalisme dans le monde.

Le plus triste c'est que ces gouvernements d'extrême-droite ne vont pas faire une politique à l'avantage des classes populaires, une politique de préférence nationale va leur faire croire que c'est le cas. Ils vont plutôt mettre en place une politique socialement réactionnaire , avec un retour vers le religieux et les valeurs morales traditionnelles. Mais les politiques économiques libérales inégalitaires vont continuer pour ne pas froisser la finance internationale.

Les quelques pays, surtout en Amérique latine, qui réussissent à élire un gouvernement de gauche, se trouvent très rapidement avec des problèmes financiers dû à la pression internationale. Quelques-uns résistent un peu s'ils ont une matière première très recherchée à vendre. D'autres s'alignent aux puissances financières mais essayent au moins de maintenir une politique sociale progressiste.

Mais tous, pour survivre, doivent continuer à suivre le système néolibéral économique et financier mondial.

Avec cette tendance politique mondiale, l'écologie n'a aucune chance de s'imposer, et surtout parce que le pouvoir dirigeant et la majorité de la population, n'arrive pas à concevoir l'urgence, même si on ne la nie pas. Si la catastrophe écologique ne nous est pas encore tombée dessus. Ce n'est pas le cas des autres luttes dont on a parlé auparavant et qui ne sont pas moins importantes.

Avec cette droitisation de la politique mondiale et de la société occidentale, le féminisme court un grand danger. Le retour de la morale religieuse et traditionaliste va contre la libération de la femme et à faveur du retour d'un patriarcat fondamentalliste. On le voit avec le retour de l'interdiction de l'avortement dans plusieurs pays dont les États Unis, ou la Pologne. Dans les pays où l'interventionnisme droitier des pays occidentaux a fait éclater la société, les fondamentalistes religieux mettent en place des politiques sociétales contre les femmes. Les Talibans sont au pouvoir en Afganistán à cause des occidentaux qui ont détruit le pays, après les avoir déjà mis à la tête du pays lors de l'invasion de L'URSS. Ils sont plus forts que jamais, tandis que les enfants crèvent de faim et les femmes sont plus que mal traitées. En Afrique, après l'invasion de la Libye par les occidentaux, et sa destruction, plusieurs pays africains sont la proie des islamistes qui terrorisent la population et surtout les femmes, qui sont violées, torturées, prises en otage et mariées de force, grâce aux armes de Kadhafi que les occidentaux ont laissé piller.

L'attaque de l'Occident et des anciens coloniaux sur certains caractères culturels des musulmans comme le port du voile, sous prétexte de droit des femmes, a un caractère de colonisation, ce qui provoque une réaction des sociétés musulmanes pour le porter comme caractère identitaire. Le féminisme occidental bourgeois privilégie l'interdiction du voile à l'émancipation des femmes dans la démocratie. Le féminisme démocratique des femmes musulmanes est bien plus bénéfique à l'égalité des sexes dans la société musulmane.

La grande publicité faite à la dénonciation de quelques personnages publics d'agression sexuel, dont Mediapart (média soit disant à gauche) s'est fait une spécialité, cache le manque d'aide que ces gouvernements de droite apportent à la justice pour lutter contre les violences faites aux femmes et leur prévention. Elle cache aussi l'exploitation de la femme dans le travail sexuel, ainsi que les petits boulots mal payés des femmes de ménage qui ont des horaires qui les empêche de s'occuper de leurs enfants. Et bien d'autres emplois mal payés. Cette tendance du vote à droite va empirer la condition de la femme. Voilà pourquoi l'urgence de changer de système. Les quelques femmes qui ont la parole dans les médias pour défendre leur cause, ne vont pas pouvoir l' améliorer tant qu'elles se limitent à critiquer quelques cas particuliers d'hommes publics pervers. Il faut qu'elles parlent de véritables droits démocratiques pour tous, d'égalité sociale et économique.

Le courant LGBT va prendre également un coup avec cette droitisation de la société.

De la même façon que pour le féminisme, le retour du religieux et des traditions, va aller contre toutes les manifestations qui sont différentes du mariage d'un homme et d'une femme, et celle ci sera de plus en plus soumise.

Certains gouvernements d'extrême-droite, ou de droite nationaliste, vont en plus utiliser les libertés des LGBT obtenu, du moins dans la loi dans des démocraties libérales, pour s'ériger en défenseurs de la moralité contre la décadence de l'Occident. Ce qui va faire augmenter la persécution des LGBT dans ces pays.

Il faudrait que la lutte LGBT se fasse en même temps que toutes les autres luttes contre les inégalités provoquées par l'État capitaliste néolibéral, pour qu'elle ne serve de drapeau à des pouvoirs réactionnaires où soi-disant libéraux.

Mais ceux qui payent le plus lourd tribut, ce sont les immigrés. Que ce soit des descendants d' immigrés de troisième, deuxième ou première génération.

La propagande de la droite nationaliste et de l'extrême droite dans les médias a provoqué une droitisations de la société qui devient de plus en plus raciste.

On veut rendre les immigrés coupables de tous les maux de la société, mais cela n'est qu'une excuse. Car à la différence du siècle dernier, on ne peut plus parler de race inférieure ou de sauvages à civiliser, donc on cherche d'autres excuses pour justifier notre racisme et notre haine de l'autre.

Ce racisme hérité du colonialisme on l'a importé des colonies et on l'applique maintenant à la métropole. Les premiers immigrés que l'on a fait venir des colonies pour reconstruire la France de l'après-guerre et son économie, ont été depuis le début parqués dans des banlieues et des quartiers de migrants provoquant un entre soi. Ce qui a empêché une mixité.

Ces quartiers ont été abandonnés petit à petit des services publics, leur habitants sont méprisés et discriminés. La police n'est plus dans ces banlieues, elle y rentre que pour réprimer, les adolescents sont contrôlés plusieurs fois par jour et d'une façon irrespectueuse, seulement à cause de la couleur de leur peau. Les bavures policières font étrangement que des victimes immigrées ou de descendants d'immigrés et elles sont de plus en plus nombreuses et mortelles.

La recherche d'un appartement ou d'un emploi est beaucoup plus difficile pour les habitants de ces quartiers. Et cette situation, de même que celle de la violence policière qu'ils subissent a été prouvée par de nombreuses études.

Mais le gouvernement et les médias n'en tiennent plus compte et stigmatisent ces populations. Ils rejettent la faute de la situation à leur soi-disant haine de la France et le refus de celle-ci. Sans reconnaître que la vérité c'est tout le contraire et que c'est les représentants de cette France qui leur refusent le fait de se sentir français. La police les persécute, l'éducation nationale ne les intègre pas, la société civile les stigmatise et les médias les exhibent, n'ont pas comme les victimes qu'ils sont, mais comme ennemis de la France historique, catholique et blanche.

On nie toute forme de racisme en France ou en Europe ou dans l'Occident. Pourtant plusieurs exemples démontrent le contraire et mettent en évidence la droitisation de l'Occident.

Depuis la guerre en Syrie, Afganistán, Irak, etcetera, les migrations envers l'Europe ont augmenté et les pays frontaliers de celles-ci ont levé des murs et durcis leur accueil de ces populations, sous prétexte qu'ils n'ont pas les moyens d'accueillir ces personnes, car on manque de logement, de travail, apprentissage de la langue, de service de santé et d'éducation. Mais lorsque la Russie attaque l'Ukraine et que des millions d'Ukrainiens fuient le pays, ils sont reçus les bras ouverts par toute l'Europe. Fini tous les problèmes d'accueil, ils sont logés, nourris, on leur trouve du travail, on leur enseigne la langue et ils reçoivent une allocation. Les noirs et les arabes restent indésirables, les blonds et blondes Ukrainiennes sont les bienvenues . Même les étudiants noirs qui étaient en Ukraine ne sont pas aidés.

Un autre exemple; lors de l'assassinat de Nahël par un policier, une cagnotte pour aider la mère a été ouverte, puis un politicien d'extrême-droite a ouvert une cagnotte, contre toute descence, pour la famille du policier. Au bout de trois jours la cagnotte pour le policier dépassait le million et demi d'euros, tandis que celle de la mère de Nahël ne dépassait pas 200,000 euros.

Un troisième exemple: un bateau de pêche avec à son bord plus de 700 migrants fait naufrage, on ne récupère que 104 survivants, des témoignages disent que les cales étaient pleines de femmes et d'enfants. Un naufrage que l'on aurait pu éviter , puisqu'il avait été détecté par les gardes côte grec bien avant la catastrophe. Le lendemain, quelques informations sur le naufrage sortent dans la presse avec aucune mise en question, ni de la politique de migration de l'Europe, ni du manque de moyens pour les sauvetages en mer. Tout repose sur la faute des passeurs.

Trois jours plus tard un petit sous-marin privé qui faisait une plongée pour emmener quatre touristes plus le pilote visité l'épave du Titanic disparaît, immédiatement on envoie des bateaux spécialisés, des avions, des hélicoptères, même la France avec l'IFREMER envoie un bateau avec son sous-marin. Pendant 5 jours, toute la presse occidentale va traiter l'information du sauvage en première page. Avec interview des spécialistes et des amis des victimes.

L'Occident parle de droit humain et d'antiracisme, mais sa société vire au racisme et à l'extrême droite.

Dans la première puissance mondiale, le líder des démocraties libérales, la cour suprême de justice, après avoir annulé le droit à l'avortement, s'en prend maintenant à l'antiracisme, et annule à son tour la descrimination positive qui permettait l'entrée aux université de prestige des minorités.

LE FUTUR

Que va t'il se passer? On parle d'urgence climatique, le constat de la gravité est unanime, mais les émissions de

CO2 continuent d'augmenter de même que la consommation de pétrole. La crise de l'eau est constaté par tous, et les chocs hydriques se multiplient, mais on continue de polluer l'eau potable, et d'extraire de plus en plus d'eau pour des industries et pour l'agriculture intensive.

La faim et la malnutrition augmentent. En 2022, 9,2 % de la population mondiale (735 millions de personnes) a souffert de faim chronique, c'est-à-dire de ne pas avoir accès à une alimentation suffisante pour mener une vie active (contre 7,9 % en 2019). L'insécurité alimentaire, une notion plus large qui désigne le fait de ne pouvoir bénéficier de façon régulière d'une alimentation adéquate (réduction des portions, sauts de repas, alimentation déséquilibrée…), touche, quant à elle, 2,4 milliards d'individus, soit 29,6 % de la population. Les inégalités économiques, de santé, d'éducation, d'accès à l'eau et à l'électricité grandissent.

Tous les problèmes de l'humanité s'aggravent et que fait-on? Les occidentaux font la guerre à la Russie et prochainement à la Chine. Ils ont fait entrer les pays qui entourent la Russie dans l'OTAN pour qu'elle finisse par réagir et entrer en guerre. De cette façon, ils veulent l'isoler économiquement et militairement pour l'affaiblir, et avoir les coudées libres dans l'immense territoire qu'elle occupe. Les dégâts de cette guerre sur l'écologie sont énormes, remplacement du gaz naturel transporté par gazoduc par du gaz de schiste liquéfié transporté par bateau qui produit des effets de serre beaucoup plus important a cause de son extraction et de son transport. Gaz qui était interdit dans plusieurs pays avant la guerre. On relance l'industrie d'armement avec toute la pollution et émissions de CO2 qui s'ensuit. En plus des dégâts humains entre les deux belligérants, cette guerre permet la spéculation sur les céréales nécessaires à alimenter les pays pauvres en aggravant le prix et l'accès à ceux-ci.

Une fois la Russie affaiblie, et son armée et ses armes nucléaires sous contrôle, on utilisera l'OTAN dans le pacifique, et avec les alliés des occidentaux dans cette zone, on entrera en guerre indirecte avec la Chine pour l'empêcher de devenir la première puissance mondiale et arrêter son influence dans le monde.
Ça c'est la priorité de l'Occident, soumettre la Russie et la Chine au nom des valeurs de l'occident, pour continuer à contrôler et à diriger le monde. L'écologie, la faim dans le monde, les inégalités, l'eau potable sont des problèmes secondaires pour eux et pour l'élite qui gouverne ces pays.

Aucun gouvernement de ces pays ne votera pour diminuer la croissance, la production et la consommation, ni modifier le capitalisme, et encore moins changer totalement de système économique, donc oublions un contrôle du réchauffement climatique à moins de 2 degré.
L'Elite ne lâchera jamais le contrôle des médias, donc le contrôle des élections. Un changement de politique économique et sociale au moyen des élections est donc à oublier.
Le nationalisme profite des problèmes économiques des classes populaires pour lancer des batailles identitaires

à l'intérieur des pays et interdire l'immigration, et comme les nationalistes sont de plus en plus présents dans tous les gouvernements, le racisme va donc augmenter également dans le monde.

Les financiers chercheront toujours les profits les plus élevés pour placer leur argent, arrêter la croissance ou partager leur richesse est hors de question. Quelques-uns feront un peu de philanthropie pour lâcher un peu la pression et sauver le néolibéralisme.

Comme le disait le ministre de La Défense de Roosevelt, M.Stimson, dans un pays capitaliste, si vous voulez gagner une guerre, il faut laisser les entreprises gagner beaucoup d'argent. Et je ne vois pas comment elles pourraient gagner beaucoup d'argent dans la transition écologique s'il faut produire et consommer moins.

Je ne crois pas non plus à la fameuse « transition juste » où il faudrait trouver des financements pour aider les employés et les entreprises qui vivent de la production d'énergie fossiles, où aider les pays qui vivent de l'extraction des énergies fossiles. Je ne sais pas du tout comment on pourrait recycler tous ces techniciens et professionnels d'une industrie très spécifique et localisée, dans une autre spécialité et dans une autre localité. Un minier ou un ingénieur d'une mine de charbon qui habite à côté de la mine où il a acheté sa maison, vous le recyclez comment et avec quel financement en spécialiste de panneaux solaires dans une zone ensoleillée. Qu'est-ce que vous proposez au Venezuela? Qu'il devienne par enchantement producteur d'éoliennes?

Ce système ne le permet pas.

Alors que fait on ?

La grande majorité de la population mondiale, qui est victime de cette situation, ne peut pas réagir tellement elle est occupée à survivre et cherche chaque jour de quoi manger. Elle ne peut même pas penser qu'un changement de système est possible.

Une autre grande partie de l'humanité, si elle n'appartient pas aux grands gagnants du système, elle ne sent pas non plus le besoin urgent de changer. Elle a de quoi manger et de quoi vivre, elle a seulement peur d'être déclassée. Elle se sent incapable de changer quoi que ce soit, et elle laisse cette responsabilité aux dirigeants et à l'élite.

Seules les minorités réprimées, comme les LGBT ou les racises, appartenant à cette classe sociale sont conscientes qu'il faut un changement.

L'élite, qui a tout le pouvoir pour tout changer, ne va jamais le faire. Personne qui gagne va essayer de perdre.

Reste ceux qui sont conscients de la catastrophe, beaucoup de jeunes, car ils ont l'âge de faire des études et peuvent consacrer du temps à réfléchir avant d'être pris dans le tourbillon de travailler pour survivre. Des cadres et des professionnels qui s'informent, des intellectuels, des scientifiques et certains politiciens, représentent énormément de monde qui veut le changement mais ils ne forment pas un front uni.

Des milliers de livres et d'articles sont publiés sur la situation et la catastrophe qui s'approche, beaucoup d'idées sur ce qu'il faut changer, mais très peu de comment.

La majorité veulent le faire démocratiquement, mais comment ? Celle-ci n'existe pas. On fait des débats, on publie des tribunes qui ne changent rien. On propose des lois, mais lorsqu'elles sont contraignantes et posent problème aux affaires, les lobbys se chargent de les modifier et annulent les effets bénéfiques de la loi. On manifeste pacifiquement mais la police réprime. Des associations et des ONG se créent, elles trouvent des financements, dénoncent des industriels, sauvent des animaux, des migrants, des écosystèmes et créent de l'espérance. Mais ce n'est que des pansements, dans le fond rien ne change.

Le gouvernement va dépenser des milliards pour soi-disant aider la population à changer et aller vers la transition écologique, mais ces aides ciblent uniquement les gens qui ne sont pas dans le besoin. Des milliers d'euros en ristourne pour s'acheter une voiture électrique, ou des crédits d'impôts. Des aides pour la rénovation thermique de vos habitations. Toutes ces aides ciblent des gens qui ont du pouvoir d'achat.

On donne des leçons de vie à toute la population, il ne faut pas manger de viande, il faut recycler vos déchets, il faut manger des fruits et légumes de saison, ne pas acheter des vêtements fabriqués par des employés maltraités, achetés des voitures électriques, éviter les emballages en plastique, manger bio, ne pas acheter sur Amazon, ne pas voir des films et des séries en streaming, ne pas prendre l'avion etcetera. Mais ça change quoi? Rien, bien au contraire, puisque ça donne une raison à tout industriel de faire et fabriquer n'importe quoi, si vous lui dites que son produit c'est de la merde il lui suffit de vous répondra qu'il ne vous oblige pas à l'acheter. Un mangeur de viande pensera que si ce n'est pas lui qui mange le bistec ça sera un autre. Ou il se dira, si les autres arrêtent, ça n'a pas d'importance si moi je continue.

Quand on achète un produit, est-ce que c'est à nous de vérifier comment il a été fabriqué, par qui? Ou? Comment va-t-il être recyclé? Est-ce qu'il pollue? Ou c'est à l'état de légiférer?

On nous engueule si on achète des tomates en hiver parce qu'elles viennent de loin, mais on ne nous dit rien du café que l'on bois ou du tabac que l'on fume tout au long de l'année, pourquoi ? Si ça vient également de très loin. Plein de produits que l'on ne produit pas et que l'on consomme régulièrement viennent de très loin, comme le pétrole par exemple, ou le riz, ou les lentilles. On se fixe sur des détails et on n'attaque pas l'essentiel. Certains arrivent à faire des changements localement, ils créent des monnaies alternatives, des économies circulaires, mais restent faussement indépendants du reste de la communauté. Certaines populations arrivent à conserver leur mode de vie traditionnel, comme les indiens du Chiapas après le soulèvement Zapatiste, si elles ne changent rien au problème mondial, au moins elles ne participent pas à sa dégradation.

La solution que je propose est celle ci:
Ce qui donne le pouvoir politique à l'élite néolibéral, qui ne veut rien changer, c'est le système d'élection soit disant démocratique. Il faut donc le boycotter, pas seulement s'abstenir. Et le remplacer par un système au tirage au sort pour éviter toute propagande médiatique,

l'influence financière, celle des lobbys et celle des sondages. La principale raison que l'on va nous opposer à cette solution, c'est que ce n'est pas le meilleur qui est élu, il suffit de répondre: qui nous garantit que les électeurs savent qui est le meilleur? Et de toute façon un droit de destitution suffit pour trouver une réponse à cette question.

Ensuite il faudrait mettre en place le système que j'ai détaillé auparavant où un autre similaire.

Si la résistance est trop forte à ce changement, exiger au moins le compte du vote blanc, interdire les sondages, interdire la publicité, interdire tout type de financement et mettre en place un seul moyen médiatique officiel pour que les candidats s'expriment et communique leur projet. Bon, je rêve, ils n'accepteront jamais ces changements. Cela pour la démocratie.

Pour le reste, il faut que l'on oublie les détails, il faut s'attaquer directement au mal.

Le mal est identifié, c'est le capitalisme néolibéral et financier. Celui-ci a besoin de la croissance pour survivre, et la croissance nous mène à la catastrophe. Donc féministe, antiraciste, écologiste, eco féministes, LGBT, tous ceux qui se sentent réprimés par ce système, demandons ensemble avec tous les autres, ceux qui crèvent de faim, les migrants abandonnés à leur sort, les victimes de guerre qu'ils n'ont pas cherché, les esclaves modernes, les enfants exploités, les femmes violees, et avec toutes les êtres victimes de ce système, demandons la fin de celui-ci. Il faut arrêter de perdre du temps en essayant de changer des cas spécifiques, même s'ils sont importants, attaquons le problème à sa base. Demandons l'arrêt immédiat des intérêts sur toutes les dettes, nationales ou privées. L'arrêt des dividendes, l'arrêt des brevets. Pour faire simple, l'arrêt de tout bénéfice qu'apporte le seul fait d'avoir de l'argent.

Mais franchement, je ne pense pas que l'on puisse réussir. Ni les luttes vont se concentrer sur notre ennemi commun, ni celui-ci va décider de changer, que lui importe les dégâts.
Les grands changements dans l'histoire de l'humanité ont toujours été précédés de grands bouleversements. Comme le New deal de Roosevelt après la grande dépression, ou le Conseil National de la Résistance en France après la seconde guerre mondiale.
Cette fois-ci je pense pas que ça ne va pas être différent. On a cru pendant le Covid, en voyant comment le système pouvait bouger, que le changement était possible, la dette n'était plus un problème, l'argent hélicoptère non plus, travailler n'était plus obligatoire. Mais le système, une fois le problème surpassé, est redevenu comme avant et pire encore, la dette est, par enchantement, redevenue problématique.

Que va t'il pouvoir ce passer pour que ça change?, pour que le capitalisme décide de changer ou de disparaître. Peut-être dans les prochaines années une troisième guerre mondiale de basse intensité, c'est -à -dire non nucléaire. Une nucléaire on n'en parlerait plus, ce serait la fin. Cette troisième guerre pourrait changer les pouvoir dominants. Les survivants, il n'y aurait sûrement pas de vainqueurs, pourraient démarrer une nouvelle société.

Mais je ne crois pas trop à ce cas de figure.

Peut-être qu'une crise financière plus grave encore que celle des subprimes, avec explosion des dettes nationales et faillites en cascades des pays, pourrait modifier le capitalisme et l'améliorer, mais je ne pense pas qu'il change suffisamment pour nous sauver de la catastrophe, car la croissance continuera.

Peut-être une nouvelle épidémie, mais cette fois-ci beaucoup plus mortelle et qui tuerait sans descrimination, les vieux comme les jeunes, les forts comme les faibles.

Une épidémie d'une telle gravité diminuerait la pression démographique, elle frapperait sûrement davantage les pays pauvres qui auraient moins de capacité à se défendre.

Cette situation serait bénéfique à la planète car la production et la consommation diminueraient, mais à quel prix!. Et une fois passé là crise, les survivants recommenceront de plus belle car ceux-ci seront majoritairement dans les classes privilégiées.

Peut-être que la crise climatique va déraper. On connaît très peu de ce que l'écosystème planétaire peut résister avant de perdre son équilibre actuel. L'atmosphère a énormément changé au cours de l'histoire de notre planète et on ne sait presque rien du pourquoi de ces changements. Mais des hypothèses d'un emballement existent. Que se passera si l'équilibre de l'Amazonie se rompt et qu'elle se transforme en une savane, ou que les courants marins, comme le Gulf Stream, s'arrêtent, ou que le permafrosts sibérien fonde, en libérant des quantités stratosphériques de Méthane et avec en plus peut-être des virus ou des bactéries inconnues. Ce serait un emballement impossible d'arrêter et qui transformerait l'atmosphère qui deviendra invivable pour l'humanité. La plus de problèmes, fin du capitalisme mais d'Homo sapiens aussi.

Voici ce qui a le plus de probabilité de succéder selon moi: Le néolibéralisme va continuer, avec quelques crises financières de temps à autres, où les frais et les dégâts seront comme d'habitude payés par la communauté, et les profits de ces crises iront toujours aux mêmes.
Le réchauffement va augmenter, incendie et canicules se succèdent. Mais on continue « as usual ». Des gens meurent à cause de la chaleur, les migrants augmentent et les morts sur le trajet des migrations aussi. On continue à nous dire que ça va aller mieux et que c'est la faute des autres pays si ça va mal. Les nationalistes ont pris le pouvoir un peu partout et répriment leur peuple et l'opposition. L'eau manque, quelques-uns meurent de soif mais la plupart meurent de maladies infectieuses à cause de l'eau contaminée.
Mais l'élite continue de s'en sortir, donc rien ne change, bien que de plus en plus, une classe moyenne mondiale, qui se satisfaisait auparavant de sa condition, commence sérieusement à s'inquiéter.
Puis une crise, dont on commence à en parler, va tout chambouler, ce sera la crise démographique.
Le nombre de naissance par femme pour maintenir le remplacement du nombre d'humains est de 2,1 enfants par femme.

Actuellement il est : En Afrique de 4,18, en Amérique latine de 1,84, en Amérique septentrionale 1,64, en Asie 1,93, en Europe 1,5, en Océanie 2,13, avec une moyenne mondiale de 2,31.

Donc en général la population mondiale continue de croître, mais en détail, c'est seulement en Afrique qu'elle croit et en Océanie elle se maintient. Partout ailleurs, il n'y a pas de naissances suffisantes pour maintenir la population. 25 pays sont déjà en croissance démographique négative. Les taux de mortalité n'arrangent rien, en Europe il est de 11,1 contre 8 en Afrique et 6,6 en Amérique Latine, Océanie et Asie.

Les prédictions de l'ONU donnent un pic de la population dans les 10 milliards en 2050 puis une baisse à 7 milliards et demi en 2100. La baisse peut être beaucoup plus importante car les prédictions prennent en compte une espérance de vie de plus en plus élevée. Mais celle-ci diminue dans les pays riches depuis 2019 à cause de la pandémie et bien avant aux US. Le réchauffement climatique va encore faire diminuer cette espérance de vie.

Mais ce n'est pas le nombre d'habitants qui va être critique pour la société, ce serait plutôt une bonne chose, car moins de consommation. Le problème viendra de l'âge de la population dans ces pays riches. En France en 2050 un tiers de la population aura plus de 65 ans, donc à la retraite.

Le système capitaliste, qui a besoin de croissance, n'aura plus assez de main d'œuvre active. Les nationalistes devront, contre leur idéologie, ouvrir leur frontière à ces migrants tant détestés, s'ils veulent continuer avec la croissance. Le feront-ils ? Leur peuple, éduqué à la haine contre l'étranger le permettra t'il? Les migrants qui continueront à fuir leurs pays d'origine devenus inhabitables, voudront sûrement s'installer dans ces pays riches.

Mais même si ces nouveaux arrivés seront les bienvenus pour l'élite qui en a besoin, ce ne sera pas le cas pour la plupart des habitants pauvres ou non privilégiés du pays, après des années d'intoxication raciste des médias et des nationalistes, ils ne comprendront pas. Et les nouveaux arrivants n'accepteront pas d'être exploités et haï par la population locale.

En plus c'est très injuste que, ces travailleurs migrants étant formés par leurs pays d'origine à grand frais, leur main-d'œuvre profite aux pays riches .

Des guerres civiles à l'intérieur des pays vont éclater. Ce sera le chaos, une catastrophe climatique avec des canicules tueuses, des inondations dûes au niveau de la mer, chocs hydriques provoquant des maladies infectieuses en cascade, ouragans force 5 systémiques, et des guerres civiles meurtrières dans la plupart des pays.

Mais peut-être, que les élites pour éviter ce drame, comprendront que le système économique capitaliste qui oblige à une croissance soutenue, ne peut plus exister sans la migration, et décideront enfin de mettre en place un autre système pour éviter la nécessité de l'étranger. Un système où chacun reçoit un revenu pour vivre. Qui permettra à chacun de rester chez lui sans autre ambition que de vivre en paix.

Les personnes actives, dans les pays qui ont une population vieillissante, seront largement suffisant pour produire uniquement les besoins nécessaires pour tous. De cette façon on pourrait enfin revenir à une exploitation contrôlée des ressources naturelles et ralentir le réchauffement climatique.

Mais je ne crois pas du tout à une prise de conscience des décideurs avant l'arrivée de la catastrophe. Celle-ci va arriver, sous quelle forme? Personne ne le sait. Et s'il y a des survivants ce sera à eux d' installer une société pour que Homo sapiens puisse survivre en symbiose avec le reste de la planète. Et ainsi lorsqu'une future espèce intelligente habitera la terre, elle n'écrive pas dans l'histoire de la planète « Homo sapiens fut l'espèce qui conquît tout les écosystèmes, mais également l'espèce qui créa un système autodestructeur, en quelques centaines d'années seulement, qui provoqua la plus grande extinction de l'histoire de la terre, et laquelle lui fut fatale. Elle ne vécut que 300,000 ans »

RÉFÉRENCES

REVUES ET JOURNAUX

LE MONDE. quotidien
LE MONDE DIPLOMATIQUE mensuel
LE NOUVEL OBS hebdomadaire
LE No 1 hebdomadaire
COURRIER INTERNATIONAL hebdomadaire et hors serie
PHILOSOPHIE MAGAZINE mensuel et hors série
SCIENCES HUMAINES mensuel et hors série
L'HISTOIRE mensuel et hors série
HISTOIRE ET CIVILISATION mensuel
GEO HISTOIRE bimensuel
LA RECHERCHE mensuel
SCIENCES ET VIE mensuel et hors série
SCIENCES ET VIE- CIVILISATION mensuel
SCIENCES ET AVENIR mensuel
L'ÉLÉPHANT trimestriel

LIVRES

SAND Shlomo Comment le peuple juif a été inventé, 2010, Flammarion, 604p
SAND Shlomo Comment l'état d'Israel a été inventé,2012, Flammarion, 424p
RESENDEZ Andres, L'autre esclavage la veritable histoire de l'asservisement des indiens aux Ameriques, 2021l, Albin Michel, 535p
MICHEL Aurelia, Un monde en negre de blanc, 2020, du Seuil, 391p
HARARI Yuval Noah, Homo Sapiens, une breve histoire de l'humanité, Albin Michel,501p

HARARI Yuval Noah Homo Deus, 2013, Albin Michel, 435 p

SCOTT James Homo Domesticus,2019. La Découverte 302 p

DEMOULE Jean Paul, Les Dix millénaires oubliés qui ont fait l'histoire,2017, Fayard, 309p

PARKER Steve Évolution *la grande histoire du vivant,* 2015, Delachaux et Niestle,573p

GILDEA Robert L'Esprit Imperial *passé colonial et politiques du present,* 2019,   Passés/composés, 487p

CURNIER Jean Paul La piraterie dans l'âme *essaie sur la democratie*, 2017, Lignes ,254p

DAWKINS Richard Le gene egoiste, 2003, Odile Jacob,459p

DEMOULE Jean Paul, GARCIA Dominique, SCHNAPP Alain, Une histoire des civilistions,
    2018, La découverte, 601p

PIKETTY Thomas, Capital et Ideologie, 2019, Seuil, 1198 p

VARGAS Fred l'humanité en péril 2019, 330 p

PIKETTY Thomas, Brève histoire de l'inégalité

SANDER Michael, La tyrannie de la méritocratie

CONESA Pierre, La fabrication de l'ennemi 2011 Robert Laffont 363 p

GRAEBER David & WENGROW David, Au commencement était…une nouvelle histoire de l'humanité Les liens qui libèrent 2021 744 p

DULLIN Sabine L'ironie du destin une histoire des russes et de leur empire (1853-1991), 2021, Payot,299 p

TALADOIRE Éric, Sale guerre l'invasion du Mexique par les États Unis (1846-1848) Cerf,2021 205 p

KARAKI Sámano, <u>Le talent est une fiction,</u> Nouveaux jours, 305 p

Printed in Great Britain
by Amazon

31507905R00066